www.samengevat.nl

samen gevat

havo economie

drs. J.P.M. Blaas

ThiemeMeulenhoff

Vormgeving:	Criterium, Arnhem
Technisch tekenwerk:	TiekstraMedia, Groningen
Opmaak:	PPMP Prepress, Wolvega
Omslagfoto:	Arthimedes I Shutterstock

Over ThiemeMeulenhoff
ThiemeMeulenhoff ontwikkelt zich van educatieve uitgeverij tot een learning design company. We brengen content, leerontwerp en technologie samen. Met onze groeiende expertise, ervaring en leeroplossingen zijn we een partner voor scholen bij het vernieuwen en verbeteren van onderwijs. Zo kunnen we samen beter recht doen aan de verschillen tussen lerenden en scholen en ervoor zorgen dat leren steeds persoonlijker, effectiever en efficiënter wordt.

Samen leren vernieuwen.

www.thiememeulenhoff.nl

ISBN 978 90 06 10721 0
Zesde druk, vierde oplage, 2019

Deze uitgave is volledig CO_2-neutraal geproduceerd.
Het voor deze uitgave gebruikte papier is voorzien van het FSC®-keurmerk.
Dit betekent dat de bosbouw op een verantwoorde wijze heeft plaatsgevonden.

FSC www.fsc.org MIX Papier van verantwoorde herkomst FSC® C004472

voorwoord

Beste examenkandidaat,

Voor je ligt de geheel vernieuwde Samengevat, aangepast aan de exameneisen die vanaf 2016 van kracht zijn en voor het eerst geëxamineerd worden in 2017.
In dit boek vind je de leerstof en de vaardigheden voor het havo-examen economie kort en systematisch weergegeven.
Deze samenvatting stelt je in staat om in korte tijd grote hoeveelheden stof te herhalen en te overzien. Hoofd- en bijzaken worden onderscheiden waardoor je inzicht krijgt in de grote lijnen van de stof en in de samenhang tussen de verschillende onderwerpen.

Met Samengevat bereid je je zelfstandig voor op het examen.
Gecombineerd met de Examenbundel havo economie vormt deze Samengevat de beste voorbereiding op je examen. De theorie vind je in Samengevat en je oefent met de opgaven uit de Examenbundel!

Samengevat en Examenbundel zijn naast elke methode te gebruiken.

Heb je opmerkingen? Meld het ons via vo@thiememeulenhoff.nl.

Amersfoort, juli 2016

opmerking
Hoewel dit boek met de grootst mogelijke zorg is samengesteld, kunnen auteur en uitgever geen aansprakelijkheid aanvaarden voor aanwijzingen naar aanleiding van publicaties van de overheid betreffende specifieke examenonderwerpen, de hulpmiddelen die je tijdens het examen mag gebruiken, duur en datum van je examen, etc.
Het is altijd raadzaam je docent of onze website www.examenbundel.nl te raadplegen voor actuele informatie die voor jouw examen van belang kan zijn.

hoe werk je met dit boek?

In SAMENGEVAT vormen linker- en rechterbladzijde een geheel. De begrippen die links kort worden weergegeven, worden rechts nader toegelicht (door definities, illustraties of voorbeelden).

LINKERBLADZIJDE

Op de linkerbladzijde staan boomdiagrammen die de onderlinge relaties van begrippen laten zien. De linkerbladzijde dient als een checklist om snel na te gaan of de genoemde onderwerpen bekend zijn.

dit is het **hoofdbegrip** →	**omzet** productiewaarde/verkoopwaarde, totale opbrengst
cursieve tekst geeft de relatie met de volgende opsomming aan →	*opgebouwd uit*
	■ **inkoopwaarde** inkoop van onderdelen/ grondstoffen/ diensten
begrip van 1e orde, beschrijft hoofdbegrip + toelichting →	■ **bruto toegevoegde waarde** productie van bedrijven
	opgebouwd uit
begrip van 2e orde, geeft informatie over bruto toegevoegde waarde →	■ **afschrijvingen** minder waard worden van kapitaalgoederen
	■ **netto toegevoegde waarde**
	opgebouwd uit
begrip van 3e orde, geeft informatie over netto toegevoegde waarde + toelichting →	▪ **winstsom** netto winst voor belasting, voor eigenaren
	▪ **interest- of rentesom** voor geldverstrekkers
	▪ **loonsom** loonkosten werknemers
	▪ **pachtsom** voor grondeigenaren
	▪ **huursom** voor gebouwenbezitters

RECHTERBLADZIJDE

Op de rechterbladzijde vind je nadere informatie, die je nodig hebt als de begrippen links nog niet bekend zijn of als je die nog onvoldoende beheerst. Deze theorie vervangt voor een deel de theorie die ook in je leerboek voorkomt.

hier vind je de definitie en een toelichting op het begrip **toegevoegde waarde** van links →	**toegevoegde waarde** verschil tussen de verkoopwaarde (productiewaarde) en de inkoop¬waarde (verbruik) in het productieproces, gemeten over een bepaalde periode. De term geeft aan dat een bedrijf met de inkoop iets doet waardoor de waarde in geld gemeten hoger wordt, m.a.w. de mensen hebben er dan meer geld voor over. Bv. een winkelier zorgt ervoor dat de producten 'en detail' voor de consument ter beschikking komen. De toegevoegde waarde is gelijk aan de waarde van het in het bedrijf gevormde inkomen. Dit inkomen komt ten goede aan (de bezitters van) de productiefactoren, de gezinnen.
zo worden ook andere begrippen nader verklaard	
ter toelichting kun je rechts ook voorbeelden, diagrammen of tabellen aantreffen	

inhoud

1 domein D concept markt

markt ontmoeting van vraag en aanbod
- **abstracte markt** vrijwel iedere markt bv. markt voor tv's, huizen
- **concrete markt** bloemen- of groenteveiling, rommelmarkt

marktpartijen
- **consumenten** aanbieders van de productiefactoren; vragers van consumptiegoederen
- **bedrijven** aanbieders van individuele goederen; vragers van kapitaalgoederen, diensten
- **overheid** aanbieder van (quasi-) collectieve goederen; vrager van consumptie- en kapitaalgoederen
- **buitenland** aanbieders van consumptie- en kapitaalgoederen; vragers van consumptie- en kapitaalgoederen

consumptiegoederen bevredigingsmiddelen
- **vrije goederen** lucht, zon, wind: 'zijn er vanzelf en voor iedereen'
- **economische goederen** schaarse goederen

  verschillende soorten
  - **materieel goed** tegenover **immaterieel goed** tastbaar of niet-tastbaar
  - **primair goed** tegenover **secundair goed** noodzakelijk of luxe
  - **inferieur goed** tegenover **niet-inferieur goed** 'minderwaardig' of 'niet-minderwaardig'
  - **substitueerbaar goed** tegenover **complementair goed** vervangbaar of aanvullend
  - **duurzaam goed** tegenover **niet-duurzaam goed** lang of kort meegaand
  - **individueel goed** tegenover **collectief goed** voor een persoon of voor velen bestemd

vraag naar consumptiegoed consumptieve besteding

bepaald door o.a.
- **koopkracht**

  afhankelijk van
  - **prijs** duur of goedkoop?
  - **inkomen** verdien je veel of weinig?
- **behoeften** 'hoe graag wil ik het?', voorkeuren

  o.a. beïnvloed door
  - **reclame** informatievoorziening en verleiding; basis is vaak een marktonderzoek
  - **trends** moderichtingen
- **prijs van complementaire goederen** bv. cd-speler en cd
- **prijs van substitutiegoederen** hoe duur is het alternatief?

gevolgen van consumeren
- **positief extern effect** bv. effect aanleggen mooie tuin
- **negatief extern effect** bv. milieuvervuiling

markt ontmoeting tussen vraag en aanbod, als gevolg hiervan komt een prijs tot stand.

abstracte markt het abstracte geheel van vraag en aanbod, de markt voor tv's of voor vliegreizen. Voorbeelden zijn verder: de oliemarkt of de arbeidsmarkt.

concrete markt een markt waarbij je denkt aan een bepaalde plaats waar vragers en aanbieders bij elkaar komen, bv. een veiling of een rommelmarkt.

concurreren wedijveren of mededingen. Een bedrijf concurreert met een ander bedrijf om de klant. Een groenteboer concurreert zodoende met een supermarkt.

consumptiegoed bevredigingsmiddel, d.w.z. het voorziet in een behoefte. Ook: een goed gekocht door de consument of: een goed in bezit van een consument. Zo is nog onverkocht brood bij de bakker geen consumptiegoed, maar een (vlottend) kapitaalgoed.

substitutiegoed of **vervangingsgoed** goed dat in de plaats van een ander goed gebruikt kan worden. Zo zal bij een hogere koffieprijs koffie (gedeeltelijk) vervangen worden door thee; thee is dan het substitutiegoed van koffie. Een hogere prijs van koffie kan zodoende de vraag naar thee doen stijgen.

complementair goed of **aanvullend goed** goederen worden in combinatie gebruikt. Veel mensen gebruiken koffie met suiker: suiker is een complementair goed van koffie.

individueel goed product in beginsel bestemd voor één persoon (soms een groep personen). Het goed is verhandelbaar via de markt: er is een prijs voor vast te stellen. Het betreft hier bijna alle goederen, zoals een schrift, een zwembad, een dienst van een notaris.

collectief goed product bestemd voor veel personen en niet via een markt te verhandelen: men kan niet bepalen wie, in welke mate er gebruik van maakt. Er is dus geen verkoopprijs of marktprijs te bepalen. Deze goederen zullen alleen via de overheid aangeboden worden, bv. defensie, straatverlichting, dijken, algemeen bestuur. Om deze producten te bekostigen zal de overheid de mensen moeten dwingen belasting te betalen.

koopkracht van een persoon geeft aan hoeveel goederen iemand met zijn inkomen kan kopen. Dit is te berekenen door het nominale inkomen te nemen en te delen door de gemiddelde prijs van de goederen.

extern effect gevolg voor de omgeving. Iets kopen en verbruiken kan een negatief of positief effect op de omgeving hebben, waar geen betaling (vergoeding) tegenover staat. Als wij veel tropisch hardhout kopen, dan verdwijnen de tropische wouden snel. Het gevolg: verslechtering leefklimaat in ontwikkelingslanden, toekomstige welvaart wordt aangetast (er is geen hout meer), versterking broeikaseffect, etc. Geluidsoverlast is een negatief extern effect: de veroorzaker geeft geen geldelijke compensatie aan de slachtoffers. Een positief extern effect is: iemand heeft een mooie tuin: voorbijgangers genieten zonder te betalen.

bedrijfskolom opgebouwd uit bedrijfsgeledingen

veranderingen treden op door

- **integratie** verdwijnen van een markt, verticale samenwerking: eerst levert boer melk aan kaasfabriek, maar maakt nu zijn eigen kaas
- **differentiatie** er komt een nieuwe markt bij: graanboer maalde eerst z'n eigen graan, nu verkoopt hij het aan de meelfabriek
- **parallellisatie** uitbreiding assortiment: slagers worden ook traiteurs
- **specialisatie** verdieping/verkleining van assortiment: Bijenkorf verkoopt geen levensmiddelen meer

motieven voor splitsen of samenvoegen/fuseren

- **garanderen van toelevering** Unilever met zijn palmolieplantages
- **schaalvoordelen** hoe groter de productie, hoe lager de kostprijs per product
- **risicospreiding** groter assortiment maakt minder afhankelijk van de verkoop van één product

stimulans voor schaalvergroting

- **Europese Unie** Europese markt is één markt
- **concurrentie** handelsbelemmeringen verdwijnen steeds meer, globalisering

marktvormen

bepaald door

- **aantal vragers** de kopers
- **aantal aanbieders** de verkopers, concentratiegraad
- **soort product** homogeen of heterogeen
- **doorzichtigheid** weet men wat er op de markt gebeurt
- **toetredingsmogelijkheid** vestigingseisen, kapitaalintensiteit

verschijningsvormen

- **volkomen concurrentie** marktmechanisme, markt voor aandelen Shell
- **monopolistische concurrentie** veel aanbieders, heterogeen product
- **oligopolie** marktaandeel vier grootste bedrijven > 60%
- **monopolie** marktaandeel grootste bedrijf > 90%, aanbieder stelt de prijs vast

overzicht in schema

aantal aanbieders[1] → soort product ↓	één	weinig	veel
homogeen	**monopolie**	**homogeen oligopolie**	**volkomen concurrentie**
heterogeen	-------------	**heterogeen oligopolie**	**monopolistische concurrentie**

1 Er worden bij deze marktvormen altijd veel vragers verondersteld.

bedrijfstak groep van bedrijven die zich met ongeveer gelijksoortige economische activiteiten bezighoudt. Je kan denken aan de industrie, de handel en de horeca.

bedrijfskolom reeks van bedrijven waarin de opeenvolgende productiestadia (in de bedrijfsgeledingen) van een goed plaatsvinden (van oerproducent tot eindproducent). Bv. de bedrijfskolom melk: van veehouder tot en met supermarkt.

assortiment geeft de verschillende producten aan die een bedrijf maakt/verkoopt. Verdieping van assortiment wil zeggen dat er van een bepaald soort goed veel variëteiten zijn, bv. een kaaswinkel met veel verschillende soorten Franse kaas.

integratie als twee opvolgende geledingen van een bedrijfskolom samengaan. Er verdwijnt dan een markt. Een bedrijf dat vergaand geïntegreerd is, zal dus veel bewerkingen zelf uitvoeren. Zo heeft Unilever voor zijn margarineproductie zelf palm(olie)plantages opgezet.

differentiatie tegenovergestelde van integratie. Differentiatie betekent een markt er bij.

parallellisatie een bedrijf voegt goederen aan zijn verkoop- of productieassortiment toe. Een moderne supermarkt is sterk geparallelliseerd, men heeft een zeer breed assortiment van goederen. Parallellisatie kan leiden tot branche- of bedrijfstakvervaging.

specialisatie tegenovergestelde van parallellisatie. Een bedrijf concentreert zich op de productie van een kleiner assortiment goederen. Een voorbeeld is Norton, dat zich vrijwel alleen met een virusbestrijdingsprogramma bezighoudt.

marktvorm alle omstandigheden waaronder de ruil (koop en verkoop) op een markt plaatsvindt en op welke manier de prijs tot stand komt. Zo zal een bedrijf met een uniek product een grote machtspositie hebben en daardoor de prijs min of meer kunnen dicteren.

doorzichtige of **transparante markt** kopers en verkopers weten wie er zoal aanbiedt en vraagt. Ook welke prijzen men wil hebben of betalen. Men kan zijn gedrag goed op de andere marktpartijen afstemmen. De bloemenveiling in Aalsmeer is een goed voorbeeld.

monopolie één bedrijf, dat een bepaald product aanbiedt. Bv. Microsoft met zijn monopolie voor zijn besturingssysteem (Windows). De sterkte van een monopolie wordt o.a. bepaald door het bestaan van substituten en de aanwezigheid van potentiële concurrenten.

marktaandeel gedeelte van de totale omzet of van de totale afzet dat een bedrijf of bepaald product heeft. Bv. de marktgrootte van auto's wordt uitgedrukt in het aantal verkochte auto's per jaar. De marktgrootte van koffie is het totale bedrag dat aan koffie verkocht is in een jaar.

marktmechanisme prijsmechanisme

- **marktevenwicht** 'onzichtbare hand'

algemeen grafisch beeld

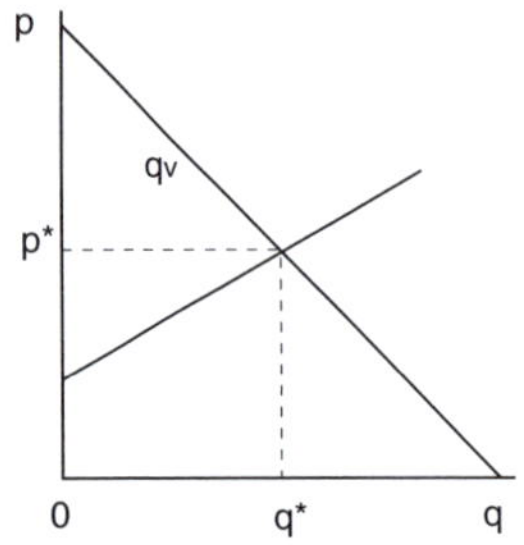

p* is de evenwichtsprijs en

q* is de evenwichtshoeveelheid

wiskundig voorbeeld

aanbodfunctie: $q_a = p - 3$
vraagfunctie: $q_v = -p + 15$
evenwichtsvoorwaarde: $q_a = q_v$

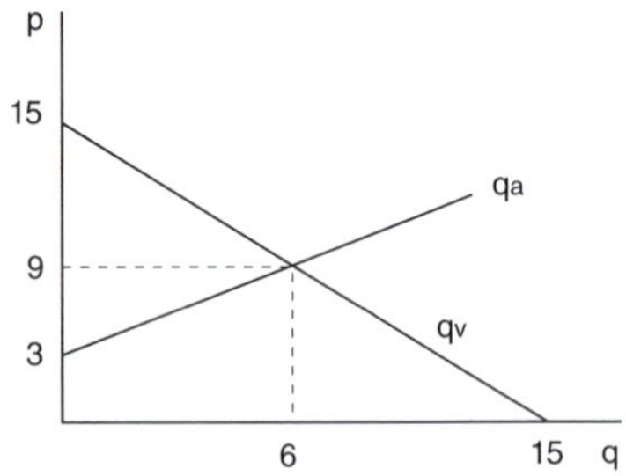

vraagfunctie

- **individuele vraagfunctie** van één koper
- **collectieve vraagfunctie** van alle kopers m.b.t. hetzelfde product
  - **wiskundig** bv. $q_v = -2p + 50$ met p = prijs per stuk; q_v = gevraagde hoeveelheid
    Let op: voor p staat een negatief getal!
  - **grafisch**

grafische weergave bovenstaande functie

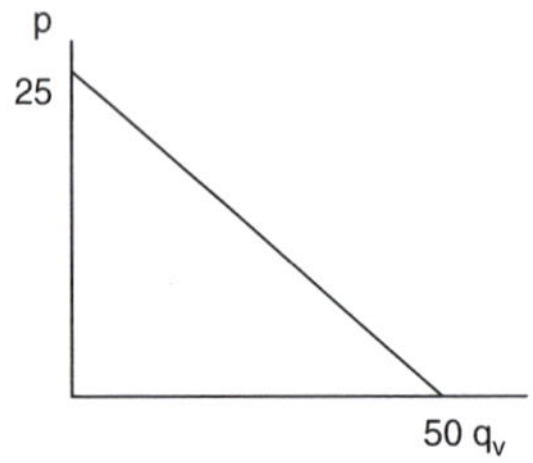

N.B. p staat op y-as en q_v op x-as.

Men wil minder kopen als er per stuk meer voor betaald moet worden.

veranderingen en vraaglijn

- **verschuiving *langs* of *over* de vraaglijn** bv. als prijs hoger is, dan kan je aflezen hoeveel er dan gevraagd wordt
- **verschuiving *van* de vraaglijn** lijn verschuift naar links of naar rechts
  als gevolg van verandering
  - **behoeften** meer mensen willen het
  - **aantal consumenten** groei van bevolking ⇒ meer vragen bij eenzelfde prijs
  - **inkomen** lager inkomen zorgt voor minder vraag bij eenzelfde prijs
  - **prijs van andere goederen** met name substitutie of complementaire goederen

prijsmechanisme of **marktmechanisme** de prijs of de markt zorgt altijd voor een evenwicht tussen vraag en aanbod. Zo zal als de vraag groter is dan het aanbod, de prijs omhoog gaan. Bij een hoge prijs wordt de vraag afgeremd maar de productie gestimuleerd, waardoor er weer evenwicht komt tussen vraag en aanbod. Als de vraag kleiner is dan het aanbod, vindt het omgekeerde proces plaats. Het prijsmechanisme werd door Adam Smith 'de onzichtbare hand' genoemd, die een economie ordent.

individuele (prijs-)vraagfunctie verband tussen de gevraagde hoeveelheid van één consument en de prijs van een goed, ceteris paribus (zie hieronder). Bv. de prijs van een pak halfvolle melk en de hoeveelheid gevraagde melk per week door een persoon. Het begrip ceteris paribus laat men meestal weg, maar moet je er wel bij denken.

ceteris paribus letterlijk: 'onder overigens gelijke omstandigheden'. In de economie doen we veel ceteris paribus. We willen graag de invloed van een verandering van één grootheid op een andere grootheid vaststellen. Bv. bij de prijsvraagfunctie kunnen we dan zuiver zien wat er gebeurt met de gevraagde hoeveelheid als de prijs verandert, zonder dat er 'storende zaken' het beeld vertroebelen. Bij de prijsvraagfunctie zijn o.a. het inkomen en de behoeften ceteris paribus.

collectieve (prijs-)vraagfunctie verband tussen de gevraagde hoeveelheid van alle vragers en de prijs van een goed, ceteris paribus. Bv. de prijs van een pak halfvolle melk en de totale gevraagde hoeveelheid halfvolle melk per week in Nederland.

aanbodfunctie

- **individuele aanbodfunctie** van één aanbieder/producent
- **collectieve aanbodfunctie** alle aanbieders met hetzelfde product, optellen van individuele aanbodfuncties

voorbeelden

- **wiskundig**

  $q_a = 4p + 10$ p = prijs per stuk q_a = aangeboden hoeveelheid
- **grafisch**

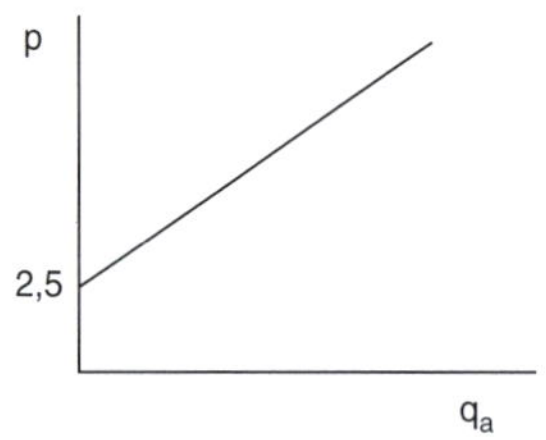

N.B. weergave bovenstaande functie: als p stijgt, stijgt q_a. Men wil meer verkopen als de prijs stijgt (meer winst per stuk).

veranderingen en aanbodlijn

- **verschuiving *langs* of *over* de aanbodlijn** bv. als prijs hoger is, dan kan je aflezen hoeveel er dan aangeboden wordt
- **verschuiving *van* de aanbodlijn** lijn verschuift naar links of naar rechts

als gevolg van verandering

- **kostenontwikkeling** hogere kosten door bv. btw, accijns → functie naar boven/links
- **aantal aanbieders** meer aanbieders → functie naar rechts
- **technische ontwikkeling** procesinnovatie → functie naar rechts
- **overheidssubsidies** of **overheidsheffingen** functie naar rechts of links

surplus bij marktmechanisme

- **consumentensurplus** ‘winst’ van de consument
- **producentensurplus** ‘winst’ van de producenten

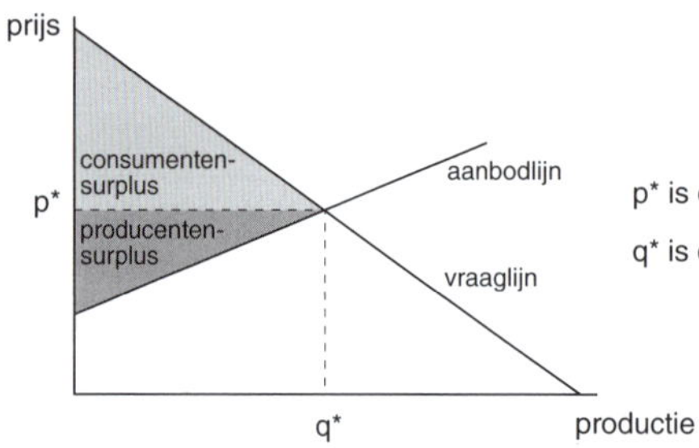

p* is de evenwichtsprijs en
q* is de evenwichtshoeveelheid

individuele (prijs-)aanbodfunctie het verband tussen de prijs en de aangeboden hoeveelheid van een individuele producent, ceteris paribus. Hier worden onder andere de prijs van de productiefactoren, de productietechniek, e.d. constant gedacht.

collectieve (prijs-)aanbodfunctie het verband tussen de prijs van een goed en de aangeboden hoeveelheid van alle producenten die dit artikel aanbieden, ceteris paribus. Hier worden, buiten de ceteris paribus, voorwaarden die horen bij een individuele functie, ook het aantal aanbieders constant gedacht.

consumentensurplus verschil tussen het bedrag dat een consument of consumenten willen betalen en de te betalen prijs (de marktprijs). Zo zal een consument die een bepaalde tv wil kopen bv. bereid zijn om hier €600 voor te betalen, terwijl de tv maar €500 kost. Hij heeft dan een consumentensurplus van €100. Rijke mensen zullen over het algemeen een groter consumentensurplus hebben dan arme(re) mensen.

producentensurplus verschil tussen de ontvangen prijs (marktprijs) en de minimale prijs waartegen een bedrijf of bedrijven het product wil aanbieden. Zo lang een bedrijf voor zijn product maar een hogere prijs ontvangt dan zijn marginale kosten, heeft hij een voordeel/surplus. Hij verdient zodoende zijn TCK terug en zodra die gedekt zijn, gaat hij winst maken. Zo zal een efficiënt bedrijf eerder een producentensurplus hebben dan zijn minder efficiënte concurrent.

volkomen concurrentie

kenmerken

- **veel aanbieders** veel relatief kleine bedrijven, geen marktmacht, hoeveelheidsaanpasser
- **veel vragers** veel relatief kleine vraagpartijen, geen marktmacht
- **homogeen product** een aandeel van Shell
- **doorzichtig** men weet wat er op de markt gebeurt
- **toetreding relatief makkelijk** marktpartijen kunnen makkelijk op deze markt deelnemen

evenwicht individuele producent

- **korte termijn**

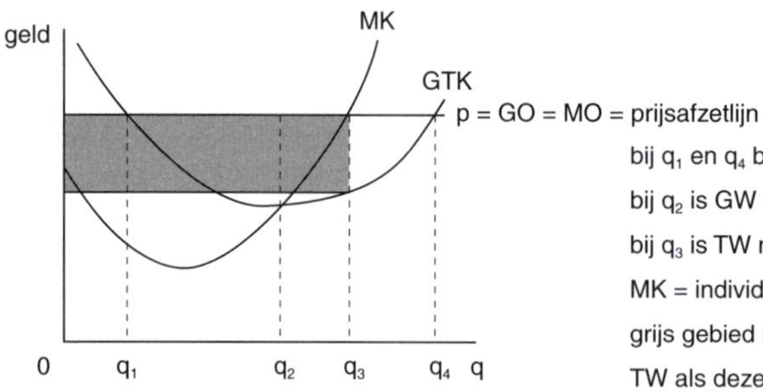

bij q_1 en q_4 break-even,
bij q_2 is GW maximaal,
bij q_3 is TW maximaal;
MK = individuele aanbodfunctie;
grijs gebied is grootte
TW als deze maximaal is

- **lange termijn**

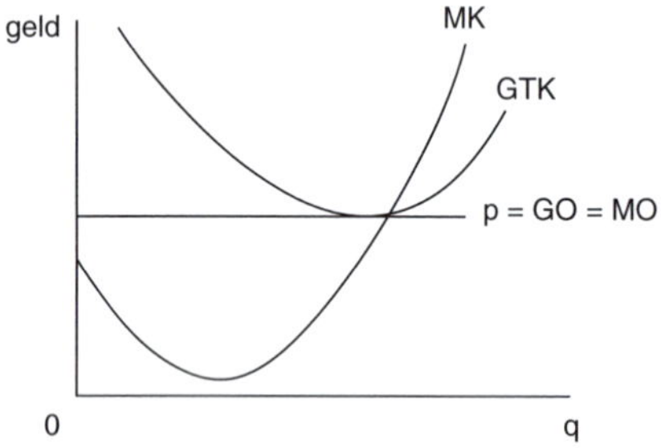

NB door toetreding, waardoor de marktprijs daalt, verdwijnt de winst;
er wordt geproduceerd tegen de laagste kosten per eenheid produkt = efficiënte markt

maatschappelijk voordelige aspecten

- **doelmatig** efficiencyprikkel overheerst
- **motivatie** 'je werkt voor jezelf'
- **consumentensoevereiniteit** kopers bepalen wat en hoeveel er geproduceerd wordt
- **scherpe prijsstelling** veel concurrentie geeft (relatief) lage prijzen

maatschappelijk nadelige aspecten

- **geen collectieve goederen** daarvoor is geen prijs te bepalen
- **schoksgewijze aanpassingen** prijzen reageren altijd traag op verandering vraag
- **sociale onrechtvaardigheid** geld bepaalt, bv. geen geld: dan geen mooi huis

volkomen concurrentie of **volledige mededinging** marktvorm waar veel bedrijven of aanbieders opereren. Ook zijn er veel verschillende vragers/kopers actief. Het is een erg theoretische markt, d.w.z. dat bijna geen markt voldoet aan de kenmerken. Men vindt dit wel het meest ideale model omdat hier uiteindelijk de producten tegen de meest lage kosten per stuk geproduceerd worden. De producten worden dan ook tegen die prijs verkocht. De ondernemer verdient dan niet meer dan een normaal salaris en kan extra inkomen in de vorm van winst wel vergeten. De bedrijven en de kopers zijn zogenaamde hoeveelheidsaanpassers.

hoeveelheidsaanpasser een koper of verkoper maakt zo'n klein deel van de markt uit dat zijn vraag of aanbod geen invloed heeft op de markt. Zijn aangeboden of gevraagde hoeveelheid stemt deze af op de marktprijs. Bv. een melkveehouder in de EU zal zijn aanbod aanpassen aan de melkprijs.

homogene goederen goederen die door de vragers als gelijk worden gezien. Er bestaat geen voorkeur voor een aanbieder. Men laat zich leiden door de prijs, bv. een aandeel Unilever. Men koopt van degene die het laagst met de prijs is. Er zal dan ook maar één prijs tot stand komen. Als een product technisch (bijna) hetzelfde is, zoals bepaalde types Skoda en Seat, is het niet gezegd dat de koper het ook zo ziet. Andersom kan het zijn dat producten verschillen, maar men ziet het verschil niet. Zo zijn er diverse soorten aardbeien, maar vele consumenten kiezen automatisch voor de goedkoopste aanbieder omdat ze geen verschil zien.

heterogene goederen gelijksoortige producten, maar de kopers hebben een voorkeur; dit is een gevolg van productdifferentiatie. De meeste producten zijn heterogeen, daarom kunnen er voor gelijksoortige producten prijsverschillen bestaan. Denk aan stofzuigers, maar ook discotheken.

omzet totale geldopbrengst van de verkoop

afhankelijk van

- **prijs** geldopbrengst per stuk, symbool: p
- **afzet** verkochte hoeveelheid, symbool: q
- **wiskundige weergave**

  $TO = p \times q$ p = prijs per stuk q = verkochte hoeveelheid
- **grafische weergave**

  constante verkoopprijs

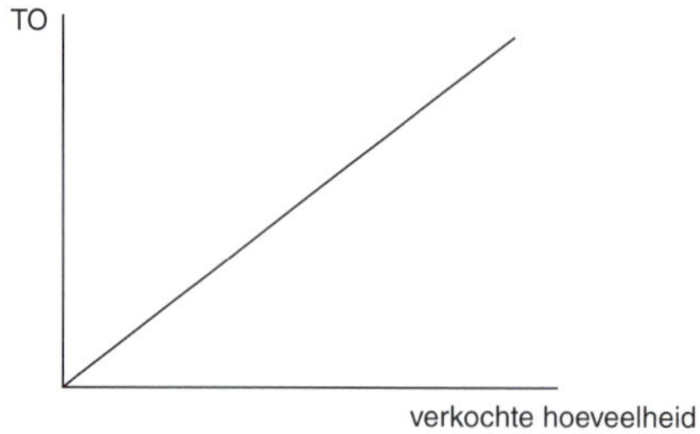

elasticiteit mate waarin iets verandert (Δ is het symbool voor verandering)

algemene gedaanten

- **segmentelasticiteit**

formule

$$\frac{\text{procentuele verandering van het gevolg (G)}}{\text{procentuele verandering van de oorzaak (O)}} = \frac{\Delta G/G \times 100\%}{\Delta O/O \times 100\%} = \frac{\Delta G}{\Delta O} \times \frac{O}{G}$$

enkele soorten

- **prijselasticiteit van de gevraagde hoeveelheid**
  - **oorzaak**: prijsverandering
  - **gevolg**: verandering gevraagde hoeveelheid
- **inkomenselasticiteit van de gevraagde hoeveelheid**
  - **oorzaak**: inkomensverandering
  - **gevolg**: verandering gevraagde hoeveelheid
- **kruislingse prijselasticiteit van de gevraagde hoeveelheid**
  - **oorzaak**: prijsverandering van een bepaald goed
  - **gevolg**: verandering gevraagde hoeveelheid van een ander goed

elasticiteitscoëfficiënten of **elasticiteitswaarden**

- **inelastisch**
  - **volkomen inelastisch** $E = 0$
  - **relatief inelastisch** $-1 < E < 0$ en $0 < E < 1$
- **noch inelastisch, noch elastisch** $E = -1$ en $E = 1$
- **elastisch**
  - **relatief elastisch** $E < -1$ en $E > 1$
  - **volkomen elastisch** $E \to -\infty$ en $E \to \infty$ (∞ betekent 'oneindig')

omzet geldelijke opbrengst van de verkoop. Men berekent dit door de prijs van een product te nemen en dit te vermenigvuldigen met de verkochte hoeveelheid. Een bedrijf met veel verschillende producten moet dus eerst deelomzetten berekenen voordat hij de totale omzet kan berekenen. Als wij TO = p × q doen, dan stelt p vaak de gemiddelde prijs van de verkochte producten voor.

afzet hetzelfde als verkochte hoeveelheid. In het vak economie nemen we vaak gemakshalve aan dat het bedrijf niet meer produceert dan hij kan verkopen. Bij de kostenberekening mag je dus dezelfde q gebruiken als in de berekening van TO. Economisch gezien is de afzet een belangrijker gegeven dan de omzet, want dit is de werkelijke productie.

elasticiteit of **elasticiteitscoëfficiënt** geeft aan in welke mate een grootheid (het gevolg) reageert op een andere grootheid (de oorzaak). Een elasticiteit gelijk aan –5 betekent: als de oorzaak 1% stijgt, wordt het gevolg 5% kleiner. Een positief getal wil zeggen dat oorzaak en gevolg tegelijkertijd groter of kleiner worden. Een negatief getal: de een groter, de ander kleiner. Voorbeelden van elasticiteit: prijselasticiteit van de gevraagde hoeveelheid, inkomenselasticiteit van de gevraagde hoeveelheid, kruislingse prijselasticiteit van de vraag (de oorzaak wordt altijd eerst genoemd).

prijselasticiteit van de gevraagde hoeveelheid geeft aan in welke mate de gevraagde hoeveelheid verandert als de prijs verandert. Als deze elasticiteit gelijk is aan –1,5 wil dit zeggen, dat als de prijs 1% daalt de gevraagde hoeveelheid met 1,5% zal toenemen. Een elastische prijselasticiteit zorgt ervoor dat bij een prijsstijging de totale uitgaven voor dit product dalen. Hier wordt sterk op de prijs gereageerd. Daarentegen zullen bij een inelastische prijselasticiteit bij een prijsstijging de uitgaven (= de omzet) juist stijgen. In dit geval is er een zwakke reactie op een prijsstijging.

inkomenselasticiteit van de gevraagde hoeveelheid geeft aan in welke mate de gevraagde hoeveelheid verandert, als het inkomen verandert. Een elasticiteit van +4 geeft dan aan dat als het inkomen met 1% stijgt, de gevraagde hoeveelheid met 4% zal stijgen.

kruislingse prijselasticiteit van de gevraagde hoeveelheid geeft aan in welke mate de gevraagde hoeveelheid van een bepaald goed verandert, als de prijs van een ander goed verandert. We hebben hier te maken met positieve elasticiteitscoëfficiënten bij substitutiegoederen, negatieve coëfficiënten bij complementaire goederen en een coëfficiënt van 0 bij onafhankelijke goederen.

prijselasticiteit en soort product vuistregel, dus geldt niet altijd

- **'inelastische producten'**
  - **noodzakelijke goederen**
  - **complementaire goederen**
- **'elastische producten'**
  - **luxe goederen**
  - **substitueerbare goederen**

inkomenselasticiteit en soort product vuistregel, dus geldt niet altijd

- **positief en inelastisch**
  - **noodzakelijke goederen**
- **positief en elastisch**
  - **gewone goederen**
  - **luxe goederen**
- **negatief**
  - **inferieure goederen**

doel ondernemer/onderneming

- **winst** het liefst zo groot mogelijk
- **voortbestaan** een bedrijf laat je niet zomaar failliet gaan, te veel mensen afhankelijk
- **waarde bedrijf** een bedrijf dat veel oplevert, is een goede pensioenvoorziening

gewenste productieomvang

in geval van

- **maximale winst** of **winstmaximalisatie** MW = 0 of MO = MK

  want als
  - **MO > MK** → vergroten productie → TW ↑
  - **MO < MK** → verkleinen productie → TW ↑
- **maximale omzet** MO = 0
- **break-even** of **kostendekking** TW = 0 of TO = TK; ook: GW = 0 of GO = GTK

kosten

verschillende weergaves

- **totale kosten (TK)** kosten van alle productiefactoren

  bestaan uit
  - **totale constante kosten (TCK)** vaste kosten onafhankelijk van productieomvang
  - **totale variabele kosten (TVK)** kosten hoger als productie hoger is
- **gemiddelde totale kosten (GTK)** kosten per stuk/product, kostprijs

  bestaan uit
  - **gemiddelde constante kosten (GCK)** hoog bij een kleine productieomvang
  - **gemiddelde variabele kosten (GVK)** GVK = MK als MK = constant
- **marginale kosten (MK)** extra kosten bij uitbreiding productie met 1 product

winst verschil (saldo) tussen de verkoopopbrengsten/omzet en de productiekosten. Is het verschil negatief, dan spreken we van verlies. De winst van een bedrijf is voor de eigenaren van het bedrijf. Vaak wordt niet alle winst uitgekeerd, bv. in de vorm van een dividenduitkering, maar wordt hij gedeeltelijk ingehouden. De winst blijft dan binnen het bedrijf. Hierdoor kunnen de reserves toenemen ('appeltje voor de dorst') of hij wordt voor uitbreidingsinvesteringen gebruikt.

break-even of **kostendekking** de situatie waarin een onderneming geen winst of verlies maakt. Sommige overheidsbedrijven, bv. de gemeentelijke watervoorziening, willen goede kwaliteit leveren tegen kostprijs.

totale kosten (TK) uitgaven die een ondernemer doet om een product te kunnen maken. Belangrijke kosten zijn uitgaven aan lonen en de kosten van machines en gebouwen.

totale constante kosten (TCK) kosten die ongeacht de productieomvang altijd hetzelfde zijn, bv. de afschrijvingen, de huur, de werknemers in vaste dienst.

totale variabele kosten (TVK) kosten die variëren met de productiegrootte. Hoe meer je produceert , hoe meer variabele kosten je hebt. Je moet denken aan kosten voor onderdelen, grondstoffen, halffabricaten en benzine. De TVK zijn dus 0 als q = 0, en geven een stijging te zien als q stijgt.

gemiddelde totale kosten (GTK) de kostprijs van een product. Het zijn alle kosten die gemaakt zijn, verdeeld over de hoeveelheid producten die geproduceerd zijn. Ze benaderen de GVK als q groter wordt, omdat dan de GCK steeds kleiner wordt. Als de kosten per product laag zijn bij grote productieomvang, dan heb je te maken met schaalvoordelen.

gemiddelde constante kosten (GCK) worden steeds kleiner als de productie toeneemt. Men kan bij een grotere q deze kosten over meer producten verdelen, bv. de huur van een gebouw.

gemiddelde variabele kosten (GVK) variabele kosten per eenheid product. Als de TVK een lineaire functie is, is de GVK een horizontale rechte.

marginale kosten extra kosten als men de productie met één uitbreidt. Je kan de marginale kosten via de TK of via TVK berekenen, omdat de TCK niet veranderen bij uitbreiding van de productie.

kosten

grafisch weergegeven

- **TVK-functie** algemene gedaante bij proportioneel variabele kosten

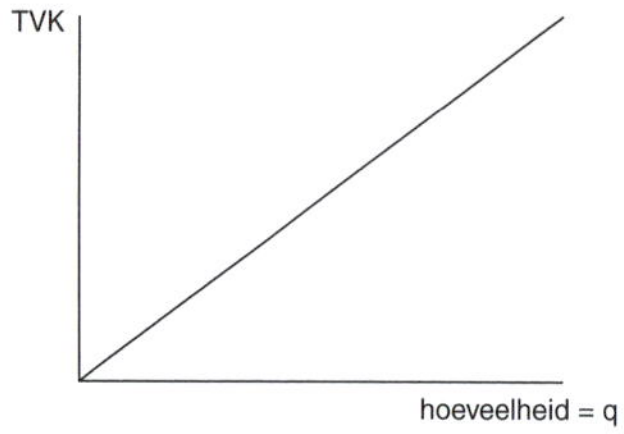

- **TCK-functie** algemene gedaante

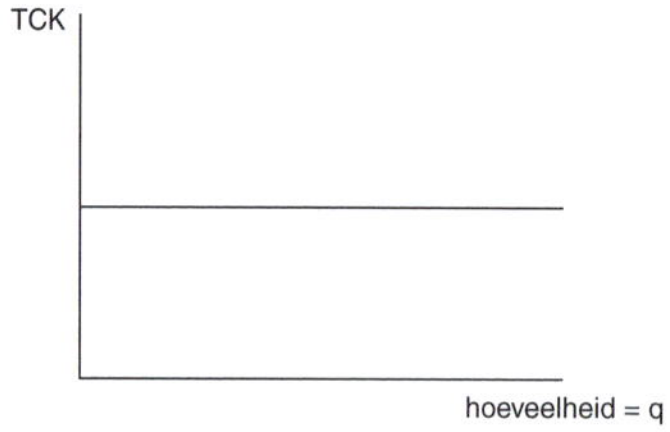

- **TK-functie** algemene gedaante (TVK proportioneel)

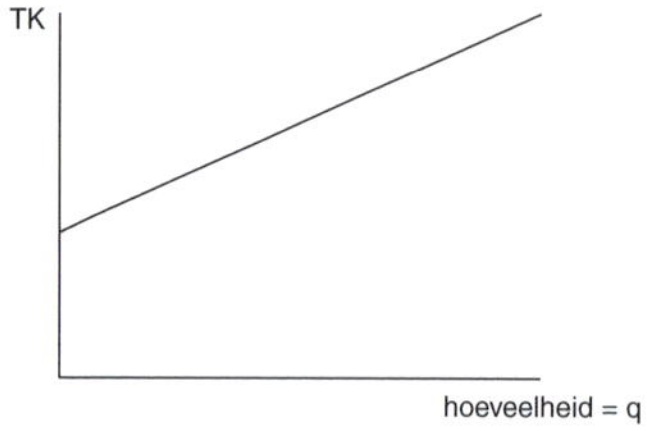

- **GVK-functie** algemene gedaante, bij proportionele TVK, dan MK = constant, MK = GVK

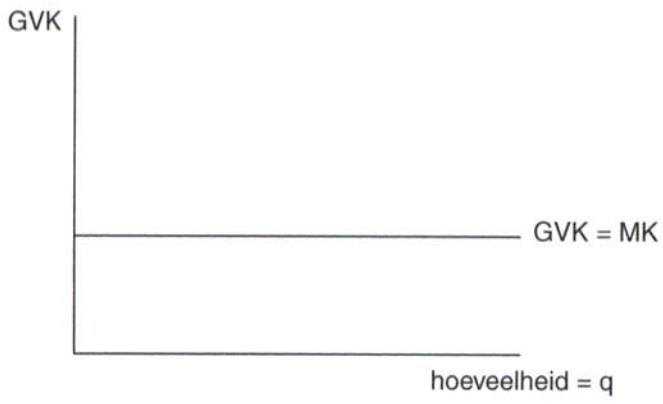

- **GCK-functie** algemene gedaante

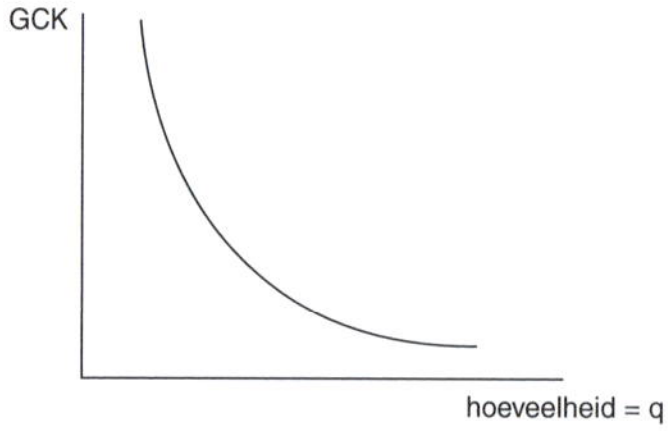

formules en verklaring van symbolen

constante kosten

$TCK = b$ (= constant getal)	TCK = totale constante kosten
$GCK = TCK \div q$	GCK = gemiddelde constante kosten
	q = geproduceerde hoeveelheid

variabele kosten

$TVK = a \times A$	TVK = totale variabele kosten
	a = prijs van de variabele productiefactor
	A = eenheden variabele productiefactor
$GVK = TVK \div q$	GVK = gemiddelde variabele kosten
$MK = \Delta TVK \div \Delta q$	MK = marginale kosten

totale kosten

$TK = TVK + TCK$	TK = totale (integrale) kosten
$GTK = TK \div q$	GTK = gemiddelde totale kosten
$GTK = (TVK + TCK) \div q = GVK + GCK$	
$MK = \Delta TK \div \Delta q$	

verkoopopbrengsten/omzet

$TO = p \times q$	TO = totale (verkoop-)opbrengst = omzet
	p = verkoopprijs van een eenheid product
$GO = TO \div q = p$	GO = gemiddelde (verkoop-)opbrengst
$MO = \Delta TO \div \Delta q$	MO = marginale opbrengst

winst

$TW = TO - TK$	TW = totale winst
$GW = TW \div q$	GW = gemiddelde winst
$MW = \Delta TW \div \Delta q$	MW = marginale winst

- **GTK-functie** algemene gedaante

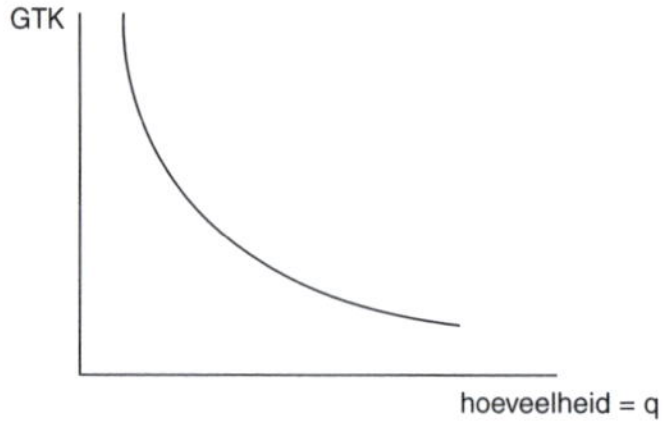

omzet bij prijszetting marktmacht

afhankelijk van

- **prijs** geldopbrengst per stuk, symbool: p
- **afzet** verkochte hoeveelheid, symbool: q

omzetvergroting o.a. te bereiken door

- **marketing** verkoopstimulerende activiteiten via marketing-mix
- **prijsverlaging** als kopers hierop sterk reageren, elastisch, bv. bioscoopkaartjes
- **prijsverhoging** als kopers nauwelijks reageren, inelastisch, bv. medicijnen

grafische voorstellingen

- **individuele prijszetter/producent** met gemiddelde en marginale kosten/opbrengsten (TVK proportioneel)

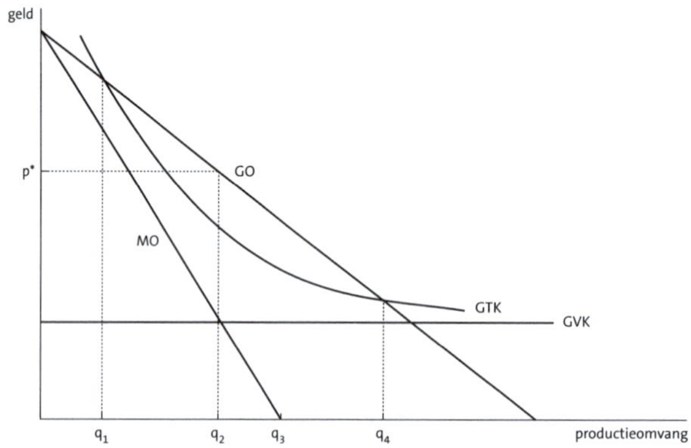

- **individuele prijszetter/producent** totale kosten en totale opbrengsten (TVK proportioneel)

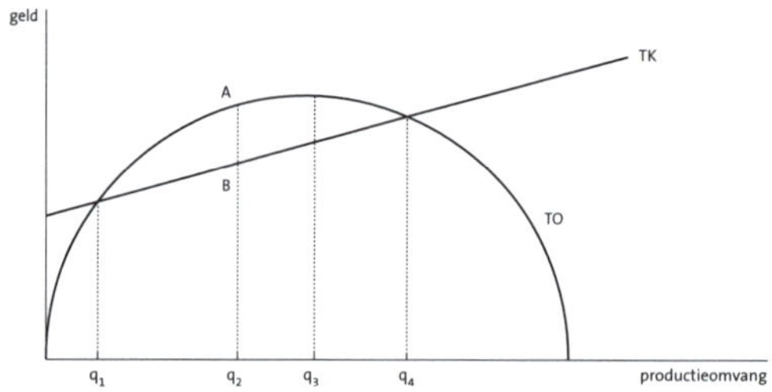

q_1 en q_4 = break-even productieomvang
q_2 = productieomvang waarbij TW is maximaal
q_3 = productieomvang waarbij TO is maximaal
p^* = prijs waarbij de winst maximaal is
lijnstuk AB = maximale waarde van TW

p^* = prijs waarbij TW = maximaal ; lijn AB = TW maximaal

prijszetter een producent die min of meer zijn prijs zelfstandig kan vaststellen en daardoor zijn afzet beïnvloedt. Prijszetters hebben zodoende marktmacht. Een monopolie kan het meest vrij zijn prijs bepalen. In een markt van monopolistische concurrentie is de vrijheid heel wat kleiner: een bakker zal altijd rekening houden met de prijs van zijn concurrenten.

marketingmix 4-P's

- **productbeleid** soort product, welke eigenschappen, innovatie
- **promotiebeleid** public relations, reclame, mediakeuze, verkoopacties
- **prijsbeleid** wat doet de concurrentie
- **plaatsbeleid** wijze van distributie (afzetkanalen), verkooppunten, website

monopolie grote vrijheid om prijs te bepalen, bv. NS

soorten

- **natuurlijk monopolie** natuurlijke omstandigheden, Marokko met fosfaat
- **wettelijk monopolie** door de wet bepaald, de NS
- **economisch monopolie** dankzij schaalvoordelen of octrooien

kenmerken

- **één aanbieder**
- **veel vragers**
- **homogeen product**
- **doorzichtig** men weet wat er op de markt gebeurt
- **toetreding zeer moeilijk** nieuwe marktpartijen hebben vrijwel geen kans
- **maatschappelijke aspecten**

  voordelen

  - **continuïteit** winstgevendheid over het algemeen goed
  - **schaalvoordelen** massaproductie kan kostprijs (GTK) doen dalen
  - **planning** markt is overzichtelijk; gevaar te veel productiecapaciteit klein

  nadelen

  - **machtsmisbruik** zo hoog mogelijke prijs; weigeren iemand te leveren
  - **inefficiëntie** gebrek aan concurrentie kan verspilling in de hand werken
  - **gebrek innovatie** weinig concurrentie, geen prikkel om met iets nieuws te komen
- **beperking handelingsvrijheid** prijs kan niet ongelimiteerd hoog

  redenen

  - **kopers verdwijnen** men koopt minder of kan het niet meer betalen
  - **kopers zoeken alternatieven** als trein te duur is, dan uitwijken naar de auto
  - **gevaar opstaan van concurrenten** potentiële concurrenten, NS kan concurrentie krijgen van busmaatschappijen die ook lange afstandreizen gaan aanbieden

prijsbeleid monopolie

afhankelijk van mogelijkheden

- **streven maximale winst** hoeveelheid kiezen bij MO = MK, daarbij prijs afstemmen
- **weghouden potentiële concurrenten** prijs zo laag dat toetreding vrijwel onmogelijk wordt.
- **prijsdiscriminatie** producentensurplus vergroten ten koste van consumentensurplus

marketingmix combinatie van instrumenten om een marktpositie te behouden dan wel te verbeteren of te veroveren. Iemand die zich met marketing bezighoudt, bedenkt dus plannen voor een bedrijf om de afzet te vergroten of te behouden.

marktonderzoek onderzoek van een bedrijf naar wat de kopers willen en wat ze ervoor zouden willen betalen. Als een bedrijf dat weet, kun je daar met je productie op inspelen.

productbeleid beslissing van bedrijven welke producten men gaat maken. Zo moet iedere producent zijn assortiment bepalen. Een autofabrikant kiest zo voor verschillende modellen, soort uitvoeringen, etc. Een marktonderzoek helpt bij die keuze.

promotiebeleid hetzelfde als reclamebeleid. De producent staat voor de keuze welk medium te gebruiken, bv. de tv, websites of krant, en hoe vaak het beste is. De manier van reclame maken is erg afhankelijk van de grootte van het bedrijf (geld!), het soort bedrijf, de doelgroep, het soort product, de hoeveelheid concurrentie, etc.

prijsbeleid prijsstelling van de producten. Zo zal de prijsbepaling afhangen van de kostprijs, de sterkte van de concurrentie, de productiecapaciteit in relatie met de vraag, etc.

plaatsbeleid manier van distribueren van het product: waar kan de koper het verkrijgen? Zo zal het dealernet van Volkswagen veel minder dicht zijn dan het aantal verkooppunten van een bepaald merk shampoo.

schaalvoordelen als bij een grote productieomvang de kosten per eenheid product (GTK) laag zijn. Schaalvoordelen ontstaan vaak als er hoge constante kosten zijn (bv. ontwikkelingskosten voor nieuwe auto) of als de inkoopprijs lager wordt bij grote afname (kwantumkorting).

patent of **octrooi** exclusief recht tot het maken van een zeker artikel. Ook een methode van produceren kan gepatenteerd worden. Een uitvinder kan zijn uitvinding 'verhuren', hij krijgt dan zogenaamde licentierechten. Zo moet Sony Philips over zijn verkochte cd-spelers een bepaald bedrag betalen, omdat Sony gebruikmaakt van een Philips-uitvinding.

prijsdiscriminatie vorm van prijsbeleid. Een ondernemer vraagt verschillende prijzen aan verschillende kopers, zonder dat een kostenverschil dit rechtvaardigt. Bv. een cjp-er kan goedkoper naar een toneelvoorstelling; een oudere reist goedkoper in het openbaar vervoer. Via prijsdiscriminatie verhoogt de ondernemer zijn surplus ten koste van het consumentensurplus. Prijsdiscriminatie moet je goed onderscheiden van prijsdifferentiatie.

prijsdifferentiatie vorm van prijsbeleid. Een ondernemer vraagt verschillende prijzen voor het zelfde product aan verschillende kopers, omdat er kostenverschillen zijn. Bv. als je een product koopt 'af fabriek', ben je goedkoper uit, dan als je het thuis wilt laten bezorgen: je hebt te maken met vervoerskosten. Ook invoerrechten kunnen een product duurder maken.

oligopolie vaak ontstaan door fusies en overnames

kenmerken

- **weinig aanbieders** concentratiegraad 4 marktpartijen > 60%
- **veel vragers**
- **homogeen product** of **heterogeen product**
- **niet doorzichtig** men weet vaak niet wat er precies op de markt gebeurt
- **toetreding moeilijk** nieuwe marktpartijen hebben weinig kans

deze marktvorm kenmerkt zich vaak door

- **samenwerkingsvormen bedrijven**

  voorbeelden

  - **joint venture** aanleg van de kanaaltunnel = risico delen
  - **kartel** motieven zijn rendement en continuïteit

    soorten

    - **prijskartel** minimum prijsafspraken
    - **productie-/hoeveelheidkartel** afspraken over productiehoogtes, OPEC
    - **rayonkartel** verdelen van geografische gebieden
- **maatschappelijke aspecten van samenwerking**

  voordelen

  - **schaalvoordelen** veel produceren, lage GTK
  - **planning** afstemmen van investeringsbeslissingen
  - **innovatie** beperkte concurrentie stimuleert zoeken naar nieuwe mogelijkheden

  nadeel

  - **machtsmisbruik** als één blok optreden tegenover kopers

monopolistische concurrentie detailhandel in kleding, bloemenzaak

kenmerken

- **veel aanbieders**
- **veel vragers**
- **heterogeen product** verschil in kwaliteit, service, plek e.d.
- **ondoorzichtig** men weet niet precies wat er op de markt gebeurt
- **toetreding relatief makkelijk** nieuwe marktpartijen kunnen er makkelijk bij komen

individuele producent versterkt/behoudt marktaandeel m.b.v.

- **goed gebruiken van marketingmix** de 4-P's
- **samenwerken in een vrijwillig filiaalbedrijf** bv. Spar of franchising zoals McDonald

maatschappelijke aspecten

- **voordelen**
  - **gevarieerd aanbod/flexibiliteit** nieuwe ontwikkelingen snel opgepikt
  - **doelmatig** efficiencyprikkel overheerst
  - **motivatie** 'je werkt voor je zelf'
  - **scherpe prijsstelling** veel concurrentie geeft (relatief) lage prijzen
- **nadelen**
  - **geen collectieve goederen** daarvoor is geen prijs te bepalen
  - **schoksgewijze aanpassingen prijzen** prijzen reageren altijd traag
  - **sociale onrechtvaardigheid** geld bepaalt, bv. geen geld dan geen mooi huis

oligopolie marktvorm met weinig aanbieders en veel vragers of kopers. Als de vier grootste bedrijven die een bepaald product op de markt brengen meer dan 60% van de markt in handen hebben, dan hebben we met een oligopolie te maken. Zo worden wasmiddelen maar door een paar grote bedrijven gemaakt. De kopers, winkelbedrijven, hebben dan te maken met een paar sterke 'tegenstanders'. Ook bij oligopolie kan je te maken hebben met felle concurrentie. Het wordt wat anders als een van de aanbieders duidelijk de sterkste is, dan zijn de andere bedrijven wat behoedzamer en volgen vaak meer de marktleider.

concentratiegraad van bedrijven geeft aan welk percentage de grootste bedrijven van de markt hebben. Je kunt dat meten in percentage van de totale omzet of in percentage van de totale afzet, dit is vaak afhankelijk van het product. Voor wasmiddelen is het de omzet, maar voor de automarkt is het de afzet, d.w.z. het aantal verkochte auto's. Als je C4 schrijft, dan heb je het dus over het marktaandeel van de vier grootste ondernemingen.

heterogeen oligopolie weinig aanbieders die de markt voor een bepaald heterogeen product in handen hebben. Zo zien we op de wasmiddelenmarkt dat er drie marktpartijen meer dan 60% van de verkopen voor hun rekening nemen. Het zijn Procter & Gamble, Unilever en Henkel. Zij zullen via hun marketing hun producten van elkaar laten verschillen, zonder dat wij als consument echt weten of hun producten technisch echt verschillen. Ook hebben ze hun eigen pakket A- en B-merken. Op deze manier proberen ze het consumentensurplus te verkleinen en hun producentensurplus te vergroten.

homogeen oligopolie weinig aanbieders die de markt voor een bepaald homogeen product in handen hebben. Zo zijn er twee aanbieders die een zeer sterke vezel produceren, respectievelijk Twaron en Kevlar. Deze vezels zijn sterker dan staal en veel lichter. De markt weet dat ze precies hetzelfde zijn. De aanbieders kunnen zodoende niet van prijs verschillen. Beide bedrijven zullen natuurlijk proberen om hun product heterogener te maken. Dit kan bijvoorbeeld door meer service te bieden.

monopolistische concurrentie marktvorm waarbij de vele aanbieders, de bedrijven, zich van elkaar proberen te onderscheiden door bv. service, kwaliteit van het product, vestigingsplaats e.d. Door de sterke concurrentie kunnen ze voor vergelijkbare producten niet te veel van prijs verschillen. Goede voorbeelden zijn bloemenzaken, drogisterijen, of andere detailhandel.

monopolistische concurrentie

- **evenwicht op lange termijn:** winst verdwijnt, GO-lijn steeds meer naar links door toetreding

grafische weergave individuele producent

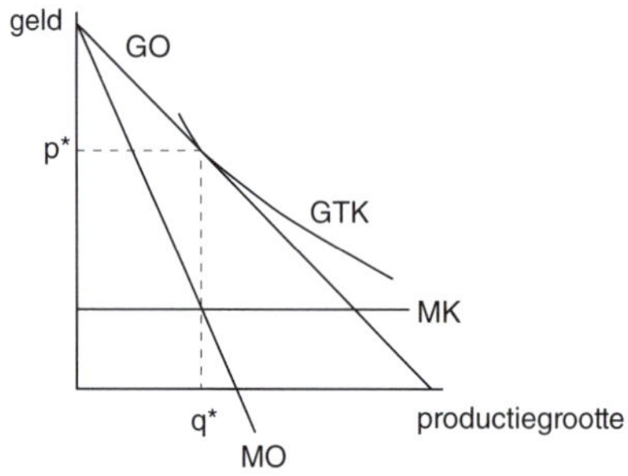

surplus bij prijszetting bij marktmacht

- **consumentensurplus** 'winst' voor de kopers/consument
- **producentensurplus** 'winst' voor de producent

grafische weergave

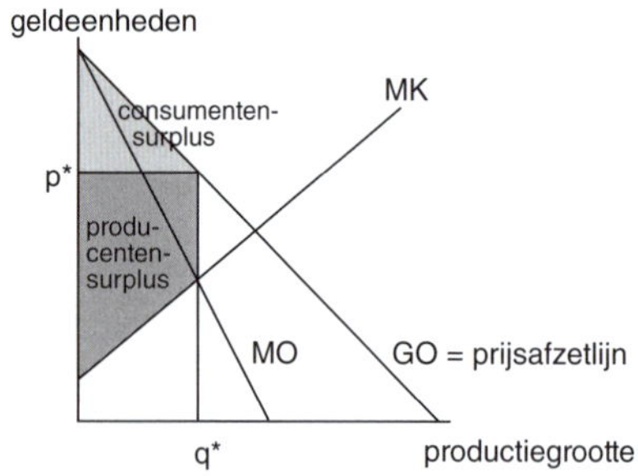

q* = hoeveelheid waarbij de TW = maximaal; p* = prijs bij maximale winst

minimumprijs of **garantieprijs** prijs waaronder niet verkocht mag worden. Een minimumprijs kan worden vastgesteld door de overheid, maar ook door een veilingbestuur. In het laatste geval spreekt men ook wel van een doordraaiprijs. Dit gebeurt wel met groenten en bloemen. Een minimumprijs beschermt de producent tegen inkomensverlies.

maximumprijs prijs waarboven niet verkocht mag worden. Een maximumprijs wordt vrijwel altijd door de overheid vastgesteld. We kennen maximumprijzen bv. op de verhuurmarkt van huizen. Via het puntensysteem wordt de maximale huur vastgesteld. Een maximumprijs beschermt de koper of consument tegen te hoge prijzen.

ecotaks samentrekking van ecologie (= milieu) en taks (= belasting). Ecotaks is een accijns op bepaalde producten, waarvan de overheid vindt dat gebruik ervan het milieu te veel belast. Zo moeten de consumenten deze belasting betalen over hun energieverbruik (energiebelasting op elektriciteit en aardgas).

prijsverlagende subsidies zorgen ervoor dat een bedrijf de prijs lager kan vaststellen dan zonder deze subsidies. Bv. de loonkostensubsidies voor het in dienst nemen van langdurig werklozen.

marktingrijpen door de overheid gevolgen voor consumenten- en producentensurplus

- **minimumprijs** ter bescherming aanbieder, bv. het minimumloon

  gevolgen

  - **aanbodoverschot/vraagtekort** als minimumprijs boven evenwichtsprijs komt
  - **opkopen overschotten** belastinggeld

  grafisch

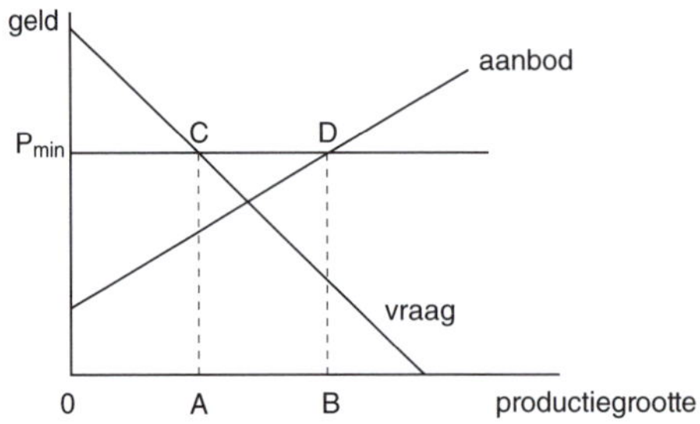

lijnstuk AB = aanbodoverschot; rechthoek ABCD = kosten opkoop aanbodoverschot

- **maximumprijs** ter bescherming koper, bv. huurprijzen in grote steden

  gevolgen

  - **aanbodtekort/vraagoverschot** als maximumprijs onder evenwichtsprijs komt
  - **verdelen aanbod/distributie** goedkope woningen voor mensen met urgentieverklaring

- **vergunningen verplichten** je mag niet zomaar ergens een winkel beginnen
- **quota instellen** bv. Europese Unie stelde melkquota in
- **prijsverlagende subsidies** bv. loonkostensubsidies voor oudere werknemers
- **kostprijsverhogende belastingen** opleggen, prijseffecten

  soorten

  - **belasting toegevoegde waarde (btw)** percentage van de kale prijs
  - **accijns** vast bedrag, benzine accijns, sigarettenaccijns
  - **energiebelasting** ecotaks bv. belasting op elektriciteitsgebruik
  - **belasting op personenauto's en motorrijwielen (bpm)** belasting op nieuwe auto's

- **mededingingsbeleid** mededingingswet

  belangrijke organen

  - **DNB en AFM** financiële markten
  - **Autoriteit Consument & Markt (ACM)** bevordert eerlijke concurrentie en beschermt consumentenbelangen

kostprijsverhogende belastingen of indirecte belastingen alle belastingen die afgedragen worden door de bedrijven, uitgezonderd de winstbelasting. Deze belastingen maken de kosten van de bedrijven hoger. Deze belastingen worden in de prijzen doorberekend (afwenteling). Uiteindelijk betaalt de consument via de bedrijven (indirect) de belastingen aan de overheid.

btw belasting op de toegevoegde waarde is een kostprijsverhogende belasting. De btw wordt uitgedrukt in een percentage. Men kent het normale tarief (in 2017 21%) en een verlaagd tarief (op o.a. voedingsmiddelen; in 2017 6%). Als je de winkelprijs ex btw (ex = zonder) wilt berekenen, moet je delen door 121 en vermenigvuldigen met 100.

accijns vast belastingbedrag per eenheid product. We kennen de benzineaccijns, alcoholaccijns (centen per liter), etc. Ook over de accijns moet btw betaald worden.

mededingingsbeleid overheidsbeleid dat probeert de gezonde concurrentie te bevorderen en oneerlijke praktijken tegen te gaan. De overheid treedt op bij een economische machtspositie, d.w.z. een of meer ondernemingen oefenen een overheersende invloed op een markt uit. Misbruik van macht is dan mogelijk (zoals prijsafspraken). We denken dan vooral aan monopolies en kartels (mededingingsregeling).

Autoriteit Financiële Markten (AFM) houdt toezicht op de financiële markten: op sparen, beleggen, verzekeren en lenen. Het is belangrijk dat het publiek, het bedrijfsleven en de overheid vertrouwen heeft in de financiële markten. En dat de markten op een duidelijke en eerlijke manier werken. Daarom houdt het AFM toezicht op de financiële markten.

De Nederlandsche Bank (DNB) houdt ook toezicht op de financiële instellingen. DNB kijkt vooral of de financiële instellingen, bv. banken en pensioeninstellingen, aan hun financiële verplichtingen kunnen voldoen. DNB kan dwingende voorschriften opleggen. Vaak wordt er eerst onderhandeld met de financiële instellingen.

Autoriteit Consument & Markt (ACM) ziet erop toe dat bedrijven eerlijk concurreren en beschermt consumentenbelangen. ACM bestrijdt oneerlijke concurrentie en maakt het makkelijker voor nieuwe aanbieders om op de markt te komen. Meer aanbieders betekent meer concurrentie. Concurrentie leidt tot innovatie: nieuwe producten, diensten en bedrijven. Dan hebben consumenten meer te kiezen. De ACM wil ook dat consumenten een goede keuze kunnen maken. Daarom moeten zij goed geïnformeerd worden door bedrijven over hun aanbod. Ook moeten consumenten weten wat hun rechten zijn zodat zij hun recht ook echt kunnen halen. De ACM treedt op tegen bedrijven die de kansen en keuzes van consumenten en andere bedrijven belemmeren. ACM is ontstaan vanuit een fusie van NMA (Nederlandse mededingingsautoriteit) en OPTA (onafhankelijke post en telecommunicatie autoriteit).

verplichte context: arbeidsmarkt

arbeidsmarkt

enkele kenmerken

- **aanbod** bepaald door grootte beroepsbevolking
- **vraag** uitgeoefend door werkgevers = bedrijven en overheid
- **deelmarkten** als gevolg van heterogeniteit van arbeid, beroepsgroepen

marktsituaties

- **ruim** of **ontspannen** meer aanbod dan vraag (laagconjunctuur)
- **evenwichtig** aanbod gelijk aan vraag
- **krap** of **overspannen** meer vraag dan aanbod (hoogconjunctuur)

beroepsgeschikte bevolking iedereen van 15 tot 65/67 jaar (pensioenleeftijd)

- **beroepsbevolking** aanbod van arbeid
  - **werkenden** werknemers en zelfstandigen
  - **werklozen** zoals geteld door CBS
- **niet-beroepsbevolking**

  onder meer
  - **studerenden** scholieren/studenten 15 jaar of ouder
  - **huisvrouwen/-mannen** die geen betaalde baan willen
  - **WIA-ers** arbeidsongeschikten
  - **vutters** mensen met vervroegd pensioen (maken gebruik van de VUT)

grootte beïnvloed door

- **aanzuigeffect**
- **ontmoedigingseffect**

aanbod van arbeid grootte van de beroepsbevolking, te meten in personen of arbeidsjaren

afhankelijk van

- **grootte bevolking** beïnvloed door geboorteoverschot/-tekort
- **leeftijdsopbouw** vergrijzing bevolking betekent relatief minder aanbod
- **migratie** verhuizing naar andere streek of land, veel immigratie betekent meer aanbod
- **wettelijke voorschriften**
  - **verbod op kinderarbeid** leerplicht jonger dan 15 jaar
  - **verplicht pensioen** 65/67 jaar en ouder ‘moet’ met pensioen
  - **regelingen voor vervroegd uittreden** bv. de VUT
  - **hoogte van het (minimum)loon** te laag loon remt aanbod af
  - **belastingtarieven** hoge (marginale) tarieven remt extra werken/aanbod af
- **maatschappelijke opvattingen** men werkt minder als er kinderen zijn
- **organisatie van het arbeidsproces**

  zijn er mogelijkheden voor
  - **werken in deeltijd** aantrekkelijk voor huisvrouwen/-mannen
  - **kinderopvang** stimuleert ouders meer te werken
  - **flexibele werktijden** mensen hebben verschillende wensen
  - **aanpassing van de werkplek** betrekt daardoor mindervalide in het arbeidsproces

arbeidsmarkt het geheel van vraag naar en aanbod van arbeid. De vragers zijn de werkgevers (particulier en overheid), het aanbod bestaat uit de beroepsbevolking. In de praktijk hebben we met segmentatie van de arbeidsmarkt te maken, d.w.z. deelmarkten: zo heb je de markt voor loodgieters.

arbeid de werkkracht van de mens, een oorspronkelijke en heterogene productiefactor. De werkkracht wordt in de praktijk door vele zaken bepaald, bv. scholing.

beroepsgeschikte bevolking in Nederland rekent men iedereen tussen de 15 en 65/67 daartoe. Dit zijn alle mensen tussen de hoogste leerplichtige leeftijd en de AOW-leeftijd. Zou de AOW-leeftijd hoger worden, dan vergroot je dus de beroepsgeschikte bevolking. Je moet dit begrip goed onderscheiden van de beroepsbevolking.

beroepsbevolking iedereen die een betaalde baan heeft of er een zoekt. We kijken dan wel naar de leeftijdscategorie tussen de 15 en 65/67. De werklozen die een betaalde baan zoeken worden geteld door het CBS.

aanzuigeffect als de economie erg goed gaat, gaan meer mensen zich aanbieden op de arbeidsmarkt. Huisvrouwen zonder baan of studenten die eigenlijk geen zin in school hebben, zien nu mogelijkheden om betaald werk te verrichten. De beroepsbevolking wordt dan groter. Er zullen meer mensen werken of meer mensen zullen zich inschrijven bij het arbeidsbureau. De verborgen werkloosheid zal dan kleiner worden.

ontmoedigingseffect tegenovergestelde van het aanzuigeffect: minder mensen bieden zich aan op de arbeidsmarkt als de economie slechter gaat. In economisch slechte tijden blijven sommigen maar langer doorleren, of huisvrouwen zonder baan schrijven zich niet meer in bij het arbeidsbureau. Dit beïnvloedt de grootte van de beroepsbevolking.

overspannen arbeidsmarkt de vraag op de arbeidsmarkt is groter dan het aanbod. Dit kan je op macro-economisch vlak bekijken, zoals je doet in een overbestedingsituatie: in dit geval is er een tekort binnen alle beroepen. Als je het micro-economisch bekijkt, dan heb je het over een markt voor een bepaald beroep. Zo zie je dat de markt voor automatiseringsdeskundigen vaak overspannen is: er is vaak een tekort aan ict'ers.

arbeidsjaar ook wel man- of mensjaar genoemd, de tijd die een voltijdwerker in een jaar moet werken. Zowel de werkgelegenheid als de werkloosheid drukt men vaak in arbeidsjaren uit om een 'eerlijke' vergelijking tussen het ene en het andere jaar te kunnen maken. De deeltijders worden dan omgerekend naar arbeidsjaren. Zo zullen twee personen die ieder een halve baan zoeken, in de statistieken voor één arbeidsjaar werkloosheid meetellen.

minimumloon het brutoloon per maand dat een werknemer van 23 jaar en ouder minimaal moet verdienen als hij fulltime werkt. Een werkgever mag dus gerust meer betalen, maar niet minder. Als de werknemer minder dan voltijd werkt, dan heeft hij recht op een evenredig deel. Het brutominimumloon bedraagt vanaf 1 januari 2017 € 1552.

vraag naar arbeid te meten in personen of arbeidsjaren, uitgeoefend door werkgevers

som van

- **vacatures** openstaande arbeidsplaatsen
- **werkgelegenheid** aantal werkenden

afhankelijk o.a. van

- **hoogte van de bestedingen** veel kopen betekent veel produceren, dus veel mensen nodig

  afhankelijk o.a. van

  - **hoogte van de inkomens**
  - **hoogte van de prijzen**
- **substitueerbaarheid arbeid en kapitaal** hoog loon en substitueerbaarheid geeft lage vraag naar arbeid
- **beschikbaarheid productiefactoren natuur en kapitaal** zonder landbouwgrond geen boeren
- **arbeidsproductiviteit** bij hoge arbeidsproductiviteit $\Rightarrow$ relatief weinig arbeid nodig
- **arbeidstijd** als men kort, parttime wil werken dan meer mensen nodig
- **bedrijfstijd** als een bedrijf lang open is, dan veel vraag
- **hoogte productie** meer produceren vraagt vaak meer arbeid, mede afhankelijk van de ontwikkeling van de arbeidsproductiviteit

hoogte van de lonen

afhankelijk o.a. van

- **arbeidsproductiviteit** hoge arbeidsproductiviteit maakt hoog loon mogelijk
- **werktijd**

aspecten

- **kostenkant** lonen zijn kosten voor de ondernemer en die wil men dus laag houden
- **bestedingskant** de lonen zijn de voornaamste bron van koopkracht in Nederland

arbeidstijdverkorting ATV

vormen

- **kortere werkweek** bijvoorbeeld van 40 naar 36 uur
- **roostervrije dagen** extra snipperdagen
- **extra vakantiedagen**
- **'ouwe-lullen-dagen'** extra vakantiedagen naarmate je ouder wordt
- **vervroegde uittreding/pensionering** VUT-regeling: pensioen start met bv. 61 jaar
- **studieverlof** of **sabatical** bv. een jaar verlof om te studeren of te reizen

gevolg van ATV

- **verandering vraag naar arbeid**

  afhankelijk van

  - **mate van herbezetting** wil het bedrijf zijn productie handhaven of verkleinen
  - **ontwikkeling van de arbeidsproductiviteit** stijgt de arbeidsproductiviteit, dan niet meer mensen nodig

substitueerbaarheid van arbeid en kapitaal arbeid en kapitaal kunnen elkaar in het productieproces vervangen. Wordt arbeid relatief duurder, dan zal de ondernemer arbeid proberen te vervangen door kapitaal/machines. Dit laatste noemen we mechanisering of automatisering (wordt er respectievelijk fysieke arbeid of denkarbeid vervangen).

arbeidsproductiviteit hoeveelheid producten per arbeider per tijdeenheid geproduceerd. In de praktijk vaak gemeten door de toegevoegde waarde per werkende per tijdseenheid te nemen. De hoogte van de arbeidsproductiviteit van landen vergelijkt men vaak op uur- of jaarbasis.

herbezetting het plaatsen van nieuwe werknemers op een opengevallen arbeidsplek. Als om een of andere reden arbeidsuren vrijvallen (bv. iemand gaat van fulltime parttime werken), dan kan een werkgever besluiten om deze door een andere werknemer te laten vervullen of herbezetten. De werkgever heeft soms ook een andere optie dan herbezetting. Zo kan hij ook reorganiseren of automatiseren.

bedrijfstijdverlenging

mogelijke gevolgen voor werknemer

- **langere werkdag** 38 uur werken op 4 i.p.v. 5 dagen
- **werken in weekend** geen vaste werkdagen meer
- **continudiensten** werken in een productieproces dat ononderbroken doorgaat en waarbij ploegen werknemers elkaar aflossen, zoals bij Tata Steel

  gevolgen

  - **kostprijs producten omlaag** optimaal kapitaal-/machinegebruik geeft lage vaste kosten per eenheid product
  - **meer vraag naar arbeid** machines moeten wel bediend worden

arbeidsmobiliteit beïnvloedt mede waar het aanbod van arbeid plaatsvindt

soorten

- **geografische mobiliteit** woon-werkverkeer, bereidheid tot verhuizen

  beïnvloed door

  - **verhuiskostenregeling**
  - **prijs woon-werkverkeer** krijgt men een vergoeding of niet
  - **bereikbaarheid** mede afhankelijk van de afstand wonen en werken
- **beroepsmobiliteit** het ene beroep kent meer werkloosheid dan het andere

  beïnvloed door

  - **om-, her- en bijscholing**
  - **beloningsverschillen** hoge lonen trekken meer mensen zoals bij ict
- **niet-werken → werken**

  vormen

  - **schoolverlaters**
  - **herintreders** huisvrouwen die weer aan het werk gaan
  - **werklozen die weer werk vinden**

    stimulerende maatregelen gericht op werkloze

    - **passende arbeid** grotere beschikbaarheid
    - **fiscale voordelen** arbeidskorting
    - **vergroting verschil uitkering en loon** ontkoppeling

    stimulerende maatregelen gericht op werkgever

    - **verlaging minimumloon** voor laag geschoolde werklozen (met lage arbeidsproductiviteit)
    - **participatiebanen** gesubsidieerde banen voor langdurig werklozen

betaald werken

kan men doen als

- **voltijdwerker** maximaal aantal uren per week volgens cao
- **deeltijdwerker** een deel van de week op vaste tijden werken
- **flexwerker** flexibel werken, d.w.z. op onregelmatige tijden, dit kan voltijd of deeltijd zijn

vormen

- **loondienst** daar hoort een arbeidscontract bij
- **zelfstandig** eigen baas, zzp'er (zelfstandige zonder personeel)

bedrijfstijd de tijd dat een bedrijf open is. De meeste bedrijven zijn zo'n 40 uur per week open, winkels soms 60 uur per week. Ondernemingen met kostbare machines willen langer in bedrijf zijn. In een week kan dan meer geproduceerd worden, terwijl de machinekosten of afschrijvingen ongeveer gelijk blijven. De machinekosten per eenheid product (= gemiddelde constante kosten) dalen dan.

voltijd (fulltime) baan heeft iemand als hij of zij een geheel jaar het maximale aantal cao-uren werkt, d.w.z. een heel jaar ± 38 uur per week (minus de vakanties). Iemand die minder werkt heeft dan een deeltijd of parttime baan. Een flexibele baan kan je in vol- of deeltijd doen. Flexibel werken wil alleen zeggen dat je op variabele tijden werkzaam bent.

arbeidsmobiliteit geeft de bewegelijkheid (mobiel = beweegbaar, verplaatsbaar) van de factor arbeid aan. Zo zijn de mensen in de USA eerder bereid om te verhuizen naar een andere staat voor het vinden van een baan, dan in Europa.

geografische mobiliteit is klein als mensen het erg vinden om voor een baan te verhuizen of lang te reizen. De overheid kan deze mobiliteit stimuleren door verhuiskosten voor de belasting aftrekbaar te maken. Een maatregel als reiskostenaftrek is gevaarlijk, omdat de overheid juist het woon-werkverkeer met auto's (files!) wil terugdringen.

beroepsmobiliteit veranderen van beroep. Dit wordt steeds belangrijker. Mensen moeten er op rekenen dat de inhoud van een beroep steeds weer verandert of zelfs verdwijnt. Dus regelmatige bij-, her- en omscholing is dan noodzakelijk. Ook zal het verschil in salaris van verschillende beroepen mensen prikkelen om voor extra of andere scholing te kiezen.

mobiliteit tussen niet-werken en werken betekent dat werklozen aan het werk moeten komen. Er zijn vele maatregelen van de overheid mogelijk om dit te bereiken, zoals de uitkeringen verlagen zodat werklozen (nog) harder een baan zoeken, of werkgevers subsidie geven als ze een langdurig werkloze in dienst nemen. Dit laatste vinden kortdurige werklozen natuurlijk niet leuk.

passende arbeid als je werkloos bent, hoef je niet op iedere baan te solliciteren. Je scholing kan helemaal verkeerd zijn. Tegenwoordig vindt de overheid (het arbeidsbureau) steeds meer banen geschikt (= passend) voor een werkloze, (bijna) iedereen kan tenslotte een laag geschoold beroep aan.

ontkoppeling van lonen en uitkeringen houdt in dat de verandering van de hoogte van de uitkeringen niet meer de gemiddelde procentuele loonstijging volgt. In de praktijk betekent het dat de uitkeringen met een lager percentage stijgen. Hierdoor wordt het verschil tussen werken en een uitkering trekken steeds groter.

participatiebaan een baan door de overheid gecreëerd en/of gesubsidieerd voor langdurig werklozen. Het zijn banen waarmee mensen werkervaring opdoen en zodoende meer kans krijgen op een 'normale' baan.

werkloosheid gevolg ruime arbeidsmarkt, te meten in personen of arbeidsjaren

categorieën

- **officiële werkloosheid** geregistreerd, bekend
  meting
  - **niet-seizoen gecorrigeerd** het werkelijke gemeten aantal; zomers meestal lager
  - **seizoen gecorrigeerd** invloeden van het seizoen uitgeschakeld
- **officieuze werkloosheid** onbekend, verborgen, werkzoekende ziet geen reden zich in te schrijven bij UWV WERKbedrijf

oorzaken

- **conjunctureel** tekortschieten van de bestedingen: de effectieve vraag
- **structureel** probleem bij productiezijde van de economie
  oorzaken o.a.
  - **verslechtering van internationale concurrentiepositie** verlies van afzetmarkten
  - **slechte winstgevendheid bedrijven** bedrijven gaan reorganiseren of failliet
  - **verkeerde scholing mensen** vraag sluit niet aan op aanbod
  - **mensen zijn weinig mobiel** mensen willen niet verhuizen
  - **slechte arbeidsbemiddeling** je moet wel weten welke banen waar te vinden zijn
- **frictie** wrijvingswerkloosheid, werkloosheid onder schoolverlaters
- **seizoen** alleen in de (koude) winter schaatsen maken

individuele en maatschappelijke gevolgen

- **verlies koopkracht** een uitkering is lager dan het loon
- **sociale isolatie** werkloze verliest menselijke contacten
- **sociale spanningen** werklozen voelen zich vaak nutteloos en achtergesteld en worden ontevreden

werkgelegenheid resultaat van vraag en aanbod

- **officiële werkgelegenheid** formele economie, geregistreerd, bekend
- **officieuze werkgelegenheid** onbekend, verborgen
  - **zwartwerken** ontduiken van belastingen en premies
  - **grijswerken** informele banen, hulp bieden aan je buurman, huisvrouwen

geregistreerde/officiële werkloosheid werkloosheid zoals berekend door het Centraal Bureau voor de Statistiek (CBS). Het CBS doet eenmaal per maand een enquête onder de bevolking tussen de 15 tot 65 jaar. Daarbij rekent het CBS iemand werkloos als: men geen betaald werk heeft, men meer dan 12 uur per week betaald wil werken en men ingeschreven staat bij het UWV WERKbedrijf. Op basis van deze enquête schat het CBS het totale werkloosheidscijfer. Je kan op de site www.cbs.nl het actuele werkloosheidscijfer vinden.

verborgen of **officieuze werkloosheid** niet-bekende werkloosheid; bv. van huisvrouwen die (betaald) willen werken en zich niet laten inschrijven bij het arbeidsbureau. Zo kennen we ook verborgen werkgelegenheid; denk aan zwartwerkers.

conjuncturele werkloosheid werkloosheid veroorzaakt door het tekortschieten van de bestedingen t.o.v. de productiecapaciteit. Bedrijven werken dan op ondercapaciteit. Deze vorm van werkloosheid komt alleen voor in een laagconjunctuur of onderbestedingsituatie.

structurele werkloosheid werkloosheid als gevolg van het tekortschieten van de hoeveelheid beschikbare arbeidsplaatsen; oorzaken o.a. fusie, concurrentie met buitenland en diepte-investeringen. Ook: werkloosheid als gevolg van het niet op elkaar aansluiten van vraag en aanbod op de arbeidsmarkt; bv. werkgever wil medewerker voor 40 uur per week, werkloze wil 25 uur per week werken of een werkloze heeft een 'verkeerde' opleiding.

frictiewerkloosheid *tijdelijk* niet op elkaar aansluiten van vraag en aanbod op de arbeidsmarkt, zoals schoolverlaters die een baan zoeken en die banen zijn er dus. De werkloze moet alleen deze baan nog vinden. Relaties, internet, advertenties en UWV WERKbedrijf kunnen hierbij onder andere behulpzaam zijn. Een vuistregel is dat als iemand werkloos wordt en binnen drie maanden een baan vindt, hij tot de frictiewerklozen wordt gerekend.

seizoenwerkloosheid werkloosheid als gevolg van het klimaat of de aard van het product. Bv. bouwvakkers kunnen tijdens vorst niet doorwerken, of: de productie van ijs is groter in de zomer. Zo zijn er in de zomer meer werknemers nodig dan gemiddeld, in de winter minder. Het CBS publiceert ook de voor het seizoen gecorrigeerde werkloosheidscijfers.

werkgelegenheidsbeleid werkloosheidsbestrijding

ten aanzien van

- **conjunctuurwerkloosheid**

  bestrijdingsmaatregelen

  - **vergroten van de overheidsbestedingen** hierdoor stijgt de effectieve vraag
  - **verlagen van de belastingen** hierdoor stijgt de effectieve vraag

- **structuurwerkloosheid**

  bestrijdingsmaatregelen

  - **stimuleren innovatie** nieuwe markten aanboren
  - **arbeidstijdverkorting** bedrijven hebben meer mensen nodig
  - **bedrijfstijdaanpassing** langere openingstijden dan meer mensen nodig
  - **vervroegd uittreden** ouderen treden eerder uit de beroepsbevolking
  - **verlaging van arbeidskosten** positief voor internationale concurrentiepositie
  - **scholing** mensen geschikt maken voor tekort op een deelmarkt
  - **verhuis- en reiskostenvergoeding** mensen lokken waar werkgelegenheid is

- **seizoenwerkloosheid**

  bestrijdingsmaatregelen

  - **variëren productiepakket** in de zomer ijs, in de winter stamppot verkopen
  - **klimaatinvesteringen** tuinbouw onder glas

- **frictiewerkloosheid**

  bestrijdingsmaatregelen

  - **voorlichting** via het UWV WERKbedrijf, scholen, etc.
  - **individuele bemiddeling** onderzoeken wat men kan en waar behoefte aan is

overspannen arbeidsmarkt tekort aan arbeidskrachten

situaties

- **tijdelijk tekort**

  bestrijding

  - **buitenlandse werknemers aantrekken** bv. Poolse werkers in de aspergeteelt
  - **belastingverhoging** minder koopkracht betekent minder kopen
  - **overheidsbestedingen verlagen** overheid koopt minder bij bedrijven
  - **overwerken**

- **langdurig tekort**

  bestrijding

  - **arbeidsbesparende innovatie** meer machines inzetten i.p.v. mensen
  - **flexibele pensionering** mensen mogen ook na hun 65e/67e blijven werken
  - **kinderopvang en deeltijdwerk** opvoeden én werken kunnen samengaan
  - **immigratie** kan sociale spanningen opleveren

te onderscheiden in

- **tekort op onderdeel van de arbeidsmarkt** bv. te weinig verpleegkundigen
- **algemeen tekort** situatie van hoogconjunctuur

mogelijke gevolgen

- **loonprijsspiraal** hogere lonen stimuleren prijzen; deze stimuleren looneisen, etc.
- **verloren gaan van afzetmarkten** het niet kunnen leveren van producten

conjunctuurbeleid overheidsbeleid om overbesteding of onderbesteding in de economie te bestrijden. In een overbestedingsituatie moeten de bestedingen (= de effectieve vraag) naar beneden. Dit gebeurt door de belastingen te verhogen en/of de overheidsbestedingen naar beneden te brengen. In een onderbestedingsituatie moet het tegenovergestelde gebeuren.

overspannen arbeidsmarkt de vraag van werkgevers (particulier en overheid) naar werkkrachten is groter dan het aanbod. Je kan dit macro-economisch bekijken. Dan zie je dat op alle arbeidsmarkten de vraag groter is dan het aanbod. Je kan het ook micro-economisch bekijken en dan kijk je naar deelmarkten. Je kan dan bv. denken aan de markt voor technici of de markt voor bepaalde soorten leraren.

loonprijsspiraal lonen en prijzen die elkaar opjagen. Prijzen (inflatie) die stijgen, leiden vaak tot looneisen. Men wil graag gecompenseerd worden voor de gestegen prijzen, omdat de koopkracht van het inkomen is aangetast. De vakbeweging eist dan prijscompensatie. Als werkgevers dan hogere lonen gaan betalen, zullen hun kosten weer stijgen. Zij zullen dit proberen af te wentelen (doorberekenen) in hun verkoopprijzen. Hierdoor ontstaat weer inflatie, etc.

prijscompensatie betekent dat het brutoloon met hetzelfde percentage stijgt als de gemiddelde prijzen (inflatie). Dit voorkomt een koopkrachtdaling. Meestal is dit voor de vakbonden een cao-eis. Men spreekt van automatische prijscompensatie als er niet ieder jaar apart over onderhandeld moet worden. Volgens afspraak tussen werkgevers en werknemers zal dat dan ieder jaar vanzelfsprekend gebeuren.
N.B. Inflatiecorrectie in de belastingheffing moet voorkomen dat, ondanks prijscompensatie, de koopkracht van het nettoloon daalt. De koopkrachtdaling is een gevolg van een progressief belastingstelsel.

2 domein E concept ruilen over de tijd

gezinsconsumptie onderdeel van het besteedbare inkomen, stroomgrootheid

omvang bepaald door

- **koopkracht**

  afhankelijk van

  - **inkomen** in geld uitgedrukt
  - **prijzen** prijsniveau
- **inflatieverwachtingen** als prijzen snel stijgen ⇒ snel kopen; bij deflatie ⇒ zo lang mogelijk wachten met kopen (dan krijg je het goedkoper)
- **levensfase** in welke leeftijdscategorie zit je
- **seizoen** in vakantieperiode zijn mensen makkelijker met uitgeven
- **milieubesef** bv. zo zuinig mogelijk met energie omgaan
- **reclame** producenten verleiden consument
- **mode** mensen zijn hier gevoelig voor
- **status** mee kunnen doen met anderen; laten zien wie je bent

sparen stroomgrootheid, schuiven van koopkracht in de tijd

- **gezinnen** het niet-geconsumeerde deel van het besteedbare inkomen

  motieven o.a.

  - **aflossen leningen** eigenlijk sparen achteraf
  - **onverwachte uitgaven** voorzorg, appeltje voor de dorst
  - **vakantie**
  - **grote aankopen kunnen doen** zoals auto, huis
  - **oude dag** via pensioenpremie bv.
- **bedrijven** de ingehouden winst

  motieven o.a.

  - **aflossen leningen**
  - **grote aankopen kunnen doen** investeringen kunnen doen
  - **liquiditeitstekorten overbruggen** inkomsten en uitgaven lopen niet altijd parallel
- **overheid** bij een financierings*overschot*

  motieven o.a.

  - **aflossen leningen** staatsschuld wordt kleiner
  - **afremmen economie** in een hoogconjunctuur

pensioenen betaald via premies = sparen

soorten

- **bedrijfspensioen** ieder bedrijf moet voor zijn werknemers een pensioenverzekering hebben, vaak een bedrijfspensioenfonds, kapitaaldekkingsstelsel
- **overheidspensioen**

  te onderscheiden

  - **ambtenarenpensioen** via het ambtenarenpensioenfonds ABP, kapitaaldekkingsstelsel
  - **AOW** voor iedere Nederlander boven de 65/67, omslagstelsel
- **prepensioen** zoals VUT, kapitaaldekkingsstelsel, voor je 65ᵉ/67ᵉ met pensioen gaan

besteedbaar inkomen dit bereken je door het optellen van alle inkomsten die je hebt en hier vanaf te trekken de inkomstenbelasting, de premies voor de sociale verzekeringen en ziektekostenverzekering. Je inkomsten kunnen bestaan uit winst (dividend), interest (rente), loon, pacht/huur, pensioen (zoals AOW), sociale uitkering e.d. Je moet dit dus niet verwarren met wat je netto krijgt van je werkgever.

levensfase indeling van de levensduur van een mens. Zo onderscheiden we de kindertijd, jong volwassene, volwassene en ouderdom. Iedere levensfase kent andere behoeften, consumptiepatronen, inkomen en spaar-/leengedrag. Studenten moeten vaak lenen om hun studie te kunnen betalen, wat ze weer terug moeten betalen zodra ze gaan verdienen.
Zo stijgt meestal het inkomen naarmate men ouder wordt (carrière), maar daalt het weer als men met pensioen gaat. Als je voor de eerste keer een huis koopt, ben je meestal nog aan het begin van een carrière en moet je veel lenen om het te kunnen betalen. Naarmate je ouder wordt, los je weer veel van je hypothecaire lening af. Ook gezinnen met kinderen kunnen vaak nog weinig sparen, omdat de dagelijkse uitgaven hoog zijn.

grootheid alles dat je in een getal kan weergeven of wat te berekenen is. Bekende economische grootheden zijn het nationaal inkomen, consumptie van gezinnen in een jaar, de voorraad eindproducten van een bedrijf, etc.

voorraadgrootheid grootheid die gemeten wordt op een bepaald tijdstip. Op een balans staan altijd voorraadgrootheden. De balans van een bedrijf maakt men aan het einde van het jaar op. Ook de belastingdienst wil van particulieren weten wat hun bezittingen zijn, want daarover moet je belasting betalen (box 3). Het bezit van een bepaald jaar wordt dan bepaald door wat men bezit op 1 januari. Zo is het spaargeld dat je hebt, een voorraadgrootheid, en wat je maandelijks spaart een stroomgrootheid.

stroomgrootheid grootheid die per periode gemeten wordt. Y, C, I enzovoort zijn daar voorbeelden van. Zo is Y het nationaal inkomen van een jaar. Op een resultatenrekening staan altijd stroomgrootheden.

sparen van gezinnen is dit het deel van het besteedbare inkomen van een gezin dat niet aan consumptie wordt uitgegeven. Sparen door bedrijven gebeurt door de winst niet geheel uit te keren aan de eigenaren van het bedrijf (= ingehouden winst). De overheid spaart als er een financieringsoverschot is. Macro-economisch is het bedrag dat per jaar gespaard wordt: dat deel van het nationaal inkomen dat niet naar consumptie gaat of aan de overheid betaald wordt. In een simpele formule: $S = Y - C - B$.

kapitaaldekkingsstelsel men baseert de premie op het risico dat een bepaald bedrag betaald moet worden. De verzekeringsmaatschappij spreidt het risico over de verzekerden. De brand- en diefstalverzekering werken op deze manier, maar ook de VUT-verzekering.

omslagstelsel ieder jaar bekijkt men het bedrag dat uitgekeerd moet worden en slaat dit om over alle premieplichtigen. Dit geldt bv. voor de AOW. Als je AOW-premie betaalt, spaar je dus niet voor je eigen oude dag.

lenen bij banken, financiële instellingen

- **gezinnen** afhankelijk van de levensfase

  motieven o.a.

  - **studieleningen** studenten aan mbo, hbo en universiteit, human capital
  - **kopen huis** hypotheek, jonge mensen die zelfstandig gaan wonen
  - **grote aankopen** auto, caravan, etc.
- **bedrijven**

  motieven o.a.

  - **investeringen doen** kapitaalgoederen kopen; bedragen zijn vaak zo groot, dat bedrijf dat niet uit eigen kas kan betalen; privaat kapitaal vormen
  - **liquiditeitsproblemen** vaak gaan kosten voor de baat (= verkopen) uit
- **overheid**

  motieven o.a.

  - **investeringen doen** gebouwen en infrastructuur; publiek kapitaal vormen
  - **begrotingstekort dekken** bv. om economie te stimuleren; 'uitgestelde belastingheffing'
  - **liquiditeitsproblemen** uitgaven lopen niet altijd parallel aan de belastingontvangsten

investeren kopen van kapitaalgoederen, producten gaan in principe lang mee

sectoren

- **consumenten** aankopen van huizen = enige investering van consument
- **bedrijven** zowel particuliere als overheidsbedrijven, Unilever, NS
- **overheid** infrastructuur

soorten

- **investeringen in vast kapitaal** aankopen machines, gebouwen
- **investeringen in voorraden** prijsmotief: nu goedkoop, later duurder; ook: niet-verkochte producten

vermogensmarkt vraag en aanbod van vermogen → prijs = rente

- **geldmarkt** periode korter dan een jaar
- **kapitaalmarkt** periode langer dan een jaar

lenen geld krijgen waar tegenover staat dat je dit binnen een afgesproken tijd terug moet geven. Meestal betaal je daar een 'huurbedrag' voor en dat noemen we rente. Naarmate je het bedrag langer leent, is het rentepercentage over het algemeen hoger.

human capital of **menselijk kapitaal** bezit aan kennis en vaardigheden van een mens. Deze kennis en vaardigheden krijgen we door middel van opleiding en ervaring. Human capital is natuurlijk niet alleen van belang voor het individu, maar ook voor de maatschappij of nationale economie.

kapitaal(goed) ieder goed in handen van een producent. Het is een afgeleide productiefactor d.w.z. kapitaal moet ook geproduceerd worden. Kapitaal kan ook betekenen geld of vermogen. De context maakt de betekenis meestal duidelijk. Bv. de kapitaalmarkt gaat altijd over geld. Als de context niet duidelijk is, dan betekent kapitaal (bijna) altijd kapitaalgoed.

vermogensmarkt vraag en aanbod van geld. De aanbieders zijn degenen die geld sparen en de vragers zijn degenen die geld lenen. Meestal is een bank de intermediair/tussenpersoon om vraag en aanbod bij elkaar te krijgen: wij sparen bij een bank, die het vervolgens weer uitleent.

geldmarkt vraag en aanbod van vermogen met een looptijd voor korter dan een jaar. Je moet dan denken aan rekening-courantkredieten ('roodstaan' op je bankrekening), korte persoonlijke leningen, e.d.

kapitaalmarkt vraag en aanbod van vermogen met een looptijd van langer dan een jaar. Staatsleningen en hypothecaire leningen zijn voorbeelden.

rente kosten intertemporele ruil, prijs uitgestelde consumptie

hoogte bepaald door o.a.

- **looptijd** langlopende spaarrekeningen geven vaak hogere rente per jaar: je kan er lang niet aan komen om iets te kopen
- **risico** hoe hoger het ingeschatte risico, hoe hoger de risico-opslag

  soorten o.a.

  - **verwachte inflatie** is de koopkracht bij terugbetaling lening nog hetzelfde?
  - **dreiging van niet-kunnen terugbetalen** wanbetaling, kans op werkloosheid of investeringen in nieuwe producten zijn vaak erg risicovol
  - **informatie asymmetrie** geeft de lener wel alle risico's aan?
- **overheid** centrale bank met rentebeleid
- **kosten** een kleine lening heeft vaak een hogere rente dan een grote lening; dit komt omdat de kosten voor een bank niet evenredig lager worden bij een lager bedrag

soorten

- **nominale rente** bedrag of percentage dat men werkelijk krijgt op spaargeld
- **reële rente** nominale rente gecorrigeerd voor prijsverandering, koopkrachtverandering

  formules

  - **reëel rente-indexcijfer** $= \frac{\text{nominaal rente-indexcijfer}}{\text{prijsindexcijfer}} \times 100$
  - **reëel rentebedrag** $= \frac{\text{nominale rentebedrag}}{\text{prijsindexcijfer}} \times 100$

gevolg lage reële rente

- **ontmoedigen van sparen/uitlenen** een hoge inflatie en lage nominale rente doet koopkracht spaargeld/uitleengeld dalen
- **stimuleren van lenen** lenen bij hoge inflatie en lage nominale rente betekent dat je later minder koopkracht moet inleveren dan je nu kan uitoefenen

rente of **interest** beloning voor het ter beschikking stellen van kapitaal (= vermogen) dat men voor een bepaalde periode afstaat of uitleent. Je kan ook stellen dat dit de prijs is om geen geld uit te geven om te consumeren, maar dit later te doen (prijs uitgestelde consumptie). De uitlener krijgt de rente of het huurbedrag en de lener moet betalen (= kostenpost). De rente drukt men uit in een jaarlijks percentage van het geleende bedrag. Leen je een half jaar tegen 6%, dan betaal je na een half jaar het geleende bedrag terug en daarboven $\frac{1}{2}$ van 6% = 3% rente.

intertemporele ruil ruil welke gesplitst is in de tijd (inter = tussen en tempus = tijd). Dit is te onderscheiden van een gelijktijdige ruil, bv. als je iets met je eigen geld in een winkel koopt. Een voorbeeld van intertemporele ruil is: de studiefinanciering. Je leent geld van de overheid om te studeren (je koopt een studie waar je het geld niet voor hebt) en later heb je een hoger inkomen, zodat je het makkelijk kan terugbetalen. Een ander voorbeeld is een hypotheek afsluiten. Je koopt nu een huis en kan daarvan genieten, maar betaalt het later af. Banken willen je graag helpen omdat ze daar rente voor kunnen krijgen. Pensioenpremie betalen werkt de andere kant op: je ziet nu af van consumptie om later als je oud bent een pensioen te krijgen waarmee je kan consumeren.

nominale rente rentebedrag of rentepercentage dat je werkelijk krijgt. Als je op een spaarrekening waar je € 500 op hebt staan 3% rente krijgt, dan heb je te maken met een nominale rente van 3% of € 15.

reële rente rentepercentage of rentebedrag waarmee je vermogen/spaargeld in koopkracht verandert. Je moet dan de nominale rente corrigeren voor de prijsverandering/inflatie. Als je bv. op een spaarrekening € 500 hebt staan en 3% rente krijgt, en de inflatie is 3% dan zal je spaargeld in koopkracht niet gestegen zijn. De reële rente is dan 0% of € 0. Je moet dan het reële indexcijfer berekenen. Je berekent dit door het nominale rente-indexcijfer = 103, te delen door het prijsindexcijfer = 103 en dit te vermenigvuldigen met 100. Het reële rente-indexcijfer is dan 100. Het is dan niet veranderd, dus verandering is 0. Bij een nominale rente van 3% en een inflatie van 1% is de reële rente = 1,98% (reken maar na).

indexcijfers

veel gebruikte

- **prijsindexcijfer (pic)**
  - **enkelvoudig of partieel** ontwikkeling prijspeil van een goed of groep goederen
  - **samengesteld, gewogen** wegingsfactor bepaalt hoe zwaar een enkelvoudig pic meetelt in totaal, budgetonderzoek CBS, consumentenprijsindexcijfer (CPI)
- **nominaal indexcijfer (nic)** in geld gemeten, in lopende prijzen
- **reëel** of **hoeveelheidindexcijfer (ric)** koopkracht, in goederen gemeten, in constante prijzen

formules

- **ric** $= \frac{\text{nic}}{\text{pic}} \times 100$
- **reëel inkomen** $= \frac{\text{nominaal inkomen}}{\text{pic}} \times 100$
- **samengesteld, gewogen pic** $= \frac{wg_1 \times epic_1 + wg_2 \times epic_2 + wg_3 \times epic_3 + \text{enz.}}{wg_1 + wg_2 + wg_3 + \text{enz.}}$

waarin: wg_1 = wegingsgetal van goed 1 en $epic_1$ = enkelvoudig pic van goed 1, enz.

rijksoverheid

bestaat uit

- **regering** voorbereidende en uitvoerende functie
- **parlement** controlerende en wetgevende functie

adviserende organisaties

- **SER** Sociaal Economische Raad; adviezen op sociaal en economisch gebied
- **CPB** Centraal Planbureau; informeert, adviseert en voorspelt met behulp van economische modellen
- **CBS** Centraal Bureau voor de Statistiek; verzamelt en publiceert statistische gegevens

uitgaven van het rijk

terug te vinden in de rijksbegroting en de miljoenennota

manieren van weergeven

- **departementale indeling** rijksuitgaven per ministerie: ministeriële verantwoordelijkheid
- **economische indeling** rijksuitgaven naar categorieën
  - **overdrachtsuitgaven** uitgaven om niet
    - **inkomensoverdrachten** huursubsidie, prijsverlagende subsidies
    - **kapitaaloverdrachten** eenmalige subsidie
  - **bestedingen** het rijk krijgt er iets voor terug
    - **investeringsuitgaven** wegen, dijken, gebouwen
    - **consumptieve uitgaven** worden binnen een jaar verbruikt
      - **materiële overheidsconsumptie** potloden, briefpapier
      - **immateriële overheidsconsumptie** loonkosten ambtenaren: ambtenaren leveren diensten

indexcijfer verhoudingsgetal. Het geeft aan hoe een grootheid is veranderd ten opzichte van een basis. De basis wordt altijd op 100 gesteld. Zo betekent een indexcijfer van 120 dat een grootheid 1,2 × zo groot is als de basis, of: er is ten opzichte van de basis 20% bijgekomen. Een indexcijfer van 0,5 geeft zodoende aan dat iets met 99,5% is gedaald t.o.v. basis of 0,005 × zo groot is als de basis.

wegingsfactor getal dat aangeeft hoe zwaar iets meetelt in het geheel. Dit getal ligt altijd tussen 0 en 1. Bv. een wegingsfactor van 0,1 voor bier in de bestedingen van een student geeft aan dat 10% van zijn uitgaven opgaat aan bier. De wegingsfactoren van de consumptieve bestedingen worden van tijd tot tijd via een budgetonderzoek opnieuw vastgesteld.

budgetonderzoek periodieke enquête van het Centraal Bureau voor de Statistiek (CBS) om te onderzoeken waaraan de consumenten hun geld uitgeven. Dit onderzoek bepaalt de wegingsfactoren van de bestedingen. Prijsstijging van zaken met een hoge wegingsfactor geeft relatief veel koopkrachtverlies.

Sociaal Economische Raad (SER) bestaat uit 45 leden: de werkgevers- en werknemers-organisaties benoemen ieder een derde, de regering benoemt ook een derde (de kroonleden). De belangrijkste taak van de SER is het adviseren van de regering op sociaaleconomisch gebied.

Centraal Planbureau (CPB) organisatie die cijfermatige voorspellingen (prognoses) doet met betrekking tot de ontwikkelingen in onze economie. Zo schat het CPB het inflatiepercentage, het aantal werklozen, de hoogte van investeringen voor het komende jaar. De regering is voor het formuleren van zijn economische politiek erg afhankelijk van deze gegevens.

rijksbegroting aangeboden op de derde dinsdag in september. Deze geeft de verwachte inkomsten en uitgaven voor het komend kalenderjaar weer. De rijksbegroting bestaat uit een aantal wetsontwerpen (= begrotingshoofdstukken) waarin het parlement de financiële plannen van de regering ter goedkeuring krijgt voorgelegd. Ieder begrotingshoofdstuk valt onder verantwoordelijkheid van een bepaalde minister (zijn ministerie).

miljoenennota publicatie waarin beschouwingen zijn opgenomen over de budgettaire betekenis van het voorgenomen beleid voor het rijk en over de betekenis van het voorgenomen beleid voor de volkshuishouding. Ook geeft deze een globaal overzicht van de rijksbegroting. De miljoenennota is zodoende een toelichting bij de rijksbegroting.

economische indeling van rijksbegroting indeling van de begroting naar macro-economische categorieën: de bestedingen en de overdrachtsinkomens.

inkomsten van het rijk

- **directe belastingen** belasting op winst, inkomen en vermogen
  - **inkomstenbelasting** box 1, 2 en 3; schijvensysteem, loonbelasting is een voorheffing
  - **vennootschapsbelasting** of **winstbelasting** alleen voor nv's en bv's
  - **vermogensbelasting** alleen boven bepaalde grens
  - **successierechten** belasting over erfenissen
  - **overige** kansspelbelasting
- **indirecte** of **kostprijsverhogende belastingen**
  - **btw** oude naam: omzetbelasting; normaal en verlaagd tarief
  - **accijnzen** sigaretten, alcohol
  - **invoerrechten** grootste deel gaat naar EU
  - **motorrijtuigenbelasting** wegenbelasting
  - **overige** bv. belasting op personenauto's en motoren (BPM)
- **niet-belastingontvangsten**

  belangrijkste
  - **aardgasbaten**
  - **opbrengsten uit staatsdeelnemingen en staatseigendommen** aardgas, kroondomeinen
  - **retributies** paspoortleges
  - **heffingen** boetes

begrotingstekort overheid

alle uitgaven min alle inkomsten, uitgestelde belastingheffing

- **aflossingen** terugbetalen aan de leners, meestal meteen weer opnieuw geleend

  ⇒ staatsschuld blijft gelijk
- **financieringstekort** hierdoor stijgt de staatsschuld; nieuwe staatslening

  lenen bij
  - **institutionele beleggers** pensioenfondsen zoals ABP, verzekeringsmaatschappijen
  - **bankwezen** doen dit niet zoveel
  - **gezinnen** geen indrukwekkende bedragen
  - **buitenlandse beleggers** buitenlandse banken, bedrijven of pensioenfondsen

betekent

- **nu kopen, later afbetalen** moet later met belastinggeld afbetaald worden met rente, verantwoord voor versterking economie: infrastructuur, onderwijs (?), etc.; belastingspreiding is welvaartsverliezen spreiden in de tijd
- **stijgend renteniveau** veel lenen van overheid ⇒ veel vraag naar vermogen

  ⇒ rentepeil ↑

staatsschuld

cumulatie van financieringstekorten, uitgestelde belastingheffing

veroorzaakt door lenen voor

- **consumptieve uitgaven** zoals ambtenarensalarissen
- **investeringsuitgaven** zoals wegen, gebouwen; toekomstige generaties profiteren ook

hoge staatsschuld betekent

- **veel aflossingen en rentebetalingen** dit geld kan niet gebruikt worden voor iets anders

  ⇒ verdringing van andere uitgaven

belasting gedwongen betaling aan de overheid, zonder dat je een individueel recht krijgt op een tegenprestatie, d.w.z. het is een betaling 'om niet'. De overheid, d.w.z. de regering in samenspraak met het parlement, bepaalt zelf waar het geld aan uitgegeven wordt.

directe belastingen belasting door de gezinshuishoudingen aan de overheid betaald plus de winstbelasting (of vennootschapsbelasting). Deze belastingen noemt men ook wel: belasting over winst, inkomen en vermogen.

indirecte belastingen of **kostprijsverhogende belastingen** alle belastingen die afgedragen worden door de bedrijven, uitgezonderd de winstbelasting. Deze belastingen maken de kosten van de bedrijven hoger. Deze belastingen worden in de prijzen doorberekend (afwenteling). Uiteindelijk betaalt de consument via de bedrijven (indirect) de belastingen aan de overheid.

btw belasting op de toegevoegde waarde is een kostprijsverhogende belasting. De btw wordt uitgedrukt in een percentage. Men kent het normale tarief (in 2017 21%) en een verlaagd tarief op o.a. voedingsmiddelen; (in 2017 6%). Als je de winkelprijs ex btw (ex = zonder) wilt berekenen, moet je delen door 121 en vermenigvuldigen met 100.

accijns vast belastingbedrag per eenheid product. Zo kennen we de benzineaccijns (centen per liter), alcoholaccijns (centen per liter), etc. Niet alle producten hebben een accijns. Overigens moet ook over de accijns btw betaald worden.

begrotingstekort van de rijksoverheid, is het verschil tussen alle uitgaven van het rijk en alle inkomsten gemeten over een kalenderjaar.

financieringstekort het begrotingstekort minus de aflossingen op de staatsschuld. Het financieringstekort is zodoende gelijk aan de toename van de staatsschuld. Het financieringstekort is een extra vraag op de kapitaalmarkt van de overheid. Deze extra leenvraag kan de rente omhoog brengen. Als het financieringstekort negatief is, spreken we van een financieringsoverschot. Dan zal de staatsschuld dalen. De Europese Unie wil niet dat dit tekort meer dan 3% van het nationaal inkomen bedraagt. Het liefst ziet de EU een overschot in economisch goede tijden. De overheidsschuld kan dan kleiner worden.

staatsschuld bedrag dat het rijk schuldig is aan zijn leners. De staatsschuld is de optelling van alle bedragen die jaar in jaar uit geleend zijn om het financieringstekort te dekken. Sommige economen vinden dat de staat alleen mag lenen om investeringen te doen, bv. voor de infrastructuur. Investeringen versterken de economie, bevorderen de groei van het nationaal product en leveren de overheid uiteindelijk meer belasting op. Investeringen gaan lang mee, dus toekomstige generaties profiteren er ook van. Dus ook toekomstige generaties kunnen via belasting meehelpen de schuld af te betalen.

jaarrekening

bestaat uit drie zaken

- **balans**

eenvoudig voorbeeld

bezittingen	schulden
vlottende activa	**vreemd vermogen**
kas	crediteuren (kortlopend)
giro	hypothecaire lening (langlopend)
debiteuren	
	eigen vermogen (saldo)
vaste activa	reserves
inventaris	aandelenkapitaal
gebouwen	

- **resultatenrekening** of **verlies- en winstrekening**

eenvoudig voorbeeld

kosten/lasten	opbrengsten/baten
productiekosten	**omzet/verkopen**
inkopen	
lonen	
rente	
afschrijvingen	
winst (saldo)	

- **accountantsverslag** controle en toelichting

financieren van een onderneming

via

- **eigen geld** sparen/reserves, opeenhoping van ingehouden winsten
- **lenen** bij een bank, via obligaties of crowdfunding
- **aandelen uitgeven** alleen nv en bv kunnen dit

bruto winst van een vennootschap: een nv of bv

- **afschrijvingen**
- **netto winst voor winstbelasting**
  - **winst- of vennootschapsbelasting**
  - **netto winst na belasting**
    - **dividend** uitgekeerde winst, voor de aandeelhouders
    - **ingehouden winst** winst voor bedrijf/toevoeging aan reserves

jaarrekening bestaat uit de balans van het eind van het jaar, de resultatenrekening van dat jaar en de toelichting in de accountantsverklaring. Iedereen kan dan een goed inzicht krijgen in het economisch reilen en zeilen van een onderneming.

balans (boekhoudkundig) een overzicht van de bezittingen, de schulden en het eigen vermogen van een huishouding op een bepaald tijdstip. Vaak staat aangegeven Per Ultimo, dat wil dan zeggen: aan het eind van een maand, of het eind van een jaar. De bezittingen (activa) staan links, de schulden (passiva) en het eigen vermogen rechts aangegeven. Het totaal aan de rechterzijde en dat aan de linkerzijde zijn altijd gelijk aan elkaar.

vlottende activa of **vlottend kapitaal** deel van de bezittingen. Deze bezittingen gaan één productieproces mee of hebben een looptijd van korter dan een jaar: de liquide middelen (kas, bank en giro), de debiteuren en de voorraden.

vaste activa of **vast kapitaal** deel van de bezittingen dat langzaam in waarde vermindert, zoals de inventaris, de gebouwen, e.d.

debiteuren mensen of bedrijven waar je geld van tegoed hebt.

crediteuren mensen of bedrijven waar je geld aan verschuldigd bent. Meestal geeft dit de verzameling kortlopende schuldeisers aan.

vreemd vermogen geld dat men schuldig is. Vaak wordt onderscheid gemaakt tussen lang en kort, m.a.w. wat op lange en korte termijn terugbetaald moet worden aan crediteuren.

eigen vermogen verschil (saldo) tussen alle bezittingen en het vreemde vermogen. Het is het bedrag dat van de eigenaren is. Je zou kunnen zeggen dat dit de schuld is van het bedrijf aan zijn eigenaren. Het eigen vermogen van een bv en een nv bestaat uit aandelenkapitaal en ingehouden winsten/reserves.

resultatenrekening of **verlies- en winstrekening** een weergave in tabelvorm van verkoopopbrengsten, kosten en winst van een onderneming in een bepaalde periode (meestal een jaar). Men kan dan de winst (of verlies) berekenen (= saldo). Het totaal aan de rechterzijde is daardoor altijd gelijk aan het totaal van de linkerzijde.

afschrijvingen bedrag dat jaarlijks gereserveerd wordt om na zekere tijd een vast kapitaalgoed (machine, gebouw) te vervangen. Ook: het bedrag dat een vast kapitaalgoed jaarlijks in waarde vermindert. De kosten van een vast kapitaalgoed verwerkt men op deze wijze in de totale kosten van een bedrijf. Men schrijft in de praktijk ook af op voorraden, als ze niet meer tegen kostprijs te verkopen zijn. De belastingdienst bepaalt vaak over hoeveel jaar je iets mag afschrijven.

3 domein F concept samenwerken en onderhandelen

welvaart

te onderscheiden in

- **welvaart in enge zin** sleutelbegrip: reëel nationaal inkomen
- **welvaart in ruime zin** totale behoeftebevrediging, hierbij zijn externe effecten van belang

goederen

te onderscheiden in

- **individuele goederen** aanwijsbare gebruiker
- **collectieve goederen** defensie, bestuur, straatverlichting, dijken, overheid de meest aangewezen producent

  kenmerken

  - **goed voor velen bedoeld**
  - **niet-rivaliserend gebruik** gebruik door de een gaat niet ten koste van een ander
  - **niet-splitsbaar** iedereen maakt gebruik van het hele product
  - **geen uitsluiting mogelijk** als het goed er is, dan profiteert iedereen, dus 'free riders' of meeliftgedrag mogelijk
- **quasi-collectieve goederen** of **bemoeigoederen**

welvaart in enge zin (eng = beperkt) koopkracht van een land, individu, of: de gemiddelde koopkracht in een land. Dit laatste meet men door het reëel nationaal inkomen te nemen en te delen door de bevolkingsomvang. Dit begrip is om praktische reden ingevoerd, dit kan men namelijk uitrekenen. Het reëel nationaal inkomen per hoofd van de bevolking laat buiten beschouwing hoe het nationaal inkomen verdeeld is, wat de informele productie is, e.d. Ook het zwarte circuit valt buiten de berekening. Het reëel nationaal inkomen per hoofd van de bevolking is zodoende een gebrekkige manier om welvaart te meten.

welvaart in ruime zin niveau/mate van behoeftebevrediging. Dat wil zeggen: je vergelijkt je behoeften (wensen) met je totale behoeften. Het is dus een subjectief begrip. Zo is iemand met veel behoeften niet zo snel welvarend. Dit is het welvaartsbegrip waar het in de economie om draait. Je houdt overigens niet alleen rekening met de materiële behoeften, maar ook met de immateriële behoeften zoals een schoon milieu, de biodiversiteit, etc.

extern effect gevolg voor de omgeving. Iets kopen en verbruiken kan een negatief of positief effect op de omgeving hebben, waar geen betaling tegenover staat. Als wij te veel spullen van tropisch hardhout kopen, dan zullen de tropische wouden snel verdwijnen. Dit heeft als gevolg: verslechtering leefklimaat in ontwikkelingslanden, de toekomstige welvaart wordt aangetast (er is geen hardhout meer), versterking broeikaseffect, etc. Een veel voorkomend negatief extern effect is geluidsoverlast: de veroorzaker geeft geen geldelijke compensatie aan de slachtoffers. We kennen ook een positief extern effect: bv. als iemand een mooie tuin aanlegt, dan genieten de voorbijgangers hier, zonder te betalen, ook van.

individueel goed product dat in principe voor één individu bestemd is, of een duidelijk af te bakenen groep. Het is makkelijk na te gaan wie er gebruik van maakt. Bijna alle producten in een economie zijn individueel, zoals frisdranken, een doktersconsult, maar ook bioscoopbezoek of een zwembad. Een individueel goed is te verhandelen via een markt, dus er is een prijs voor de gebruiker(s) te bepalen.

collectief goed product bestemd voor veel mensen én het is niet te verhandelen via een markt. Men kan dan niet bepalen wie, in welke mate, er gebruik van maakt. Er is zodoende geen verkoop- of marktprijs te bepalen. Deze goederen biedt daarom alleen de overheid aan, bv. defensie, straatverlichting, dijken, algemeen bestuur. Als er een collectief goed wordt aangeboden, maak je er automatisch gebruik van (geeft free-rider-probleem).

quasi-collectief goed individueel goed, geproduceerd (aangeboden) door de overheid. Het kan dus ook geproduceerd worden door de particuliere sector. Bv. onderwijs zou ook door particuliere instituten verzorgd kunnen worden.

gevangenendilemma

uitgangspunten

- **spelers bewegen simultaan** iedere speler besluit zelfstandig, apart van elkaar
- **spelen wordt niet herhaald** er kan niet gereageerd worden op uitkomst van de eenmaal genomen beslissing
- **spelers hebben een dominante strategie** meestal is dit het eigenbelang
- **spelers beschikken over dezelfde informatie** men kent de uitkomst
- **er zijn nooit meer dan twee spelers**

voorbeeldtabel

	speler 2 ontkent	speler 2 bekent
speler 1 ontkent	3,3	5,2
speler 1 bekent	2,5	4,4

uitleg tabel

		aantal jaren gevangenisstraf	
speler 1	speler 2	speler 1	speler 2
ontkent	ontkent	3 jaar gevangenis	3 jaar gevangenis
ontkent	bekent	5 jaar gevangenis	2 jaar gevangenis
bekent	ontkent	2 jaar gevangenis	5 jaar gevangenis
bekent	bekent	4 jaar gevangenis	4 jaar gevangenis

Uitleg tabel met woorden: twee gevangenen worden opgepakt met gestolen spullen (heling). Heling levert drie jaar gevangenisstraf op. Ze hebben samen de inbraak gepleegd, maar justitie kan dit niet bewijzen. Ze worden apart gezet. Justitie doet een voorstel: als de een bekent (en de ander niet) dat ze samen de inbraak gepleegd hebben, dan wordt hij niet tot 3 jaar veroordeeld, maar krijgt een strafvermindering van 1 jaar. Zijn partner krijgt dan wel een straf van 5 jaar. Als zij beiden bekennen krijgen ze een jaar extra gevangenis, d.w.z. vier jaar. Resultaat: geen van beiden zal ontkennen (= dominante strategie), omdat men bang is dat de ander zal bekennen (strafvermindering). Ze gaan dus uiteindelijk beiden 4 jaar de cel in, terwijl als ze beiden zouden hebben ontkend, ze 'slechts' 3 jaar de cel in hoeven. Bij mogelijkheid van samenwerking was er dus een andere, voor hen gunstigere, uitkomst geweest. Het gevangenendilemma geeft voor hen niet de beste uitkomst (= Pareto-optimum). Conclusie: individueel belang najagen is dus niet altijd goed voor jezelf en kan het totale resultaat negatief beïnvloeden. Dit is in tegenspraak met hetgeen de econoom Adam Smith stelde: als iedereen zijn eigen belang nastreeft, bevordert dit de totale welvaart van een land.

free-rider-probleem of **meeliftgedrag** men profiteert (maakt gebruik) van collectieve goederen, ook al betaalt men er niet voor. Het kenmerk van collectieve goederen is dat ze niet individueel splitsbaar zijn – licht van lantaarnpalen is er nu eenmaal voor iedereen die door een verlichte straat gaat – en dat het (egoïstisch) eigenbelang is om te proberen om er niet voor te betalen. Het gevolg van belastingontduiking is dat je behoeftebevrediging (namelijk genieten van lantaarnpaallicht) niet daalt. Belastingontduiking is natuurlijk wel asociaal en onwettig gedrag.

gevangenendilemma is aanwezig als a. als twee partijen onafhankelijk van elkaar twee beslissingen kunnen nemen en b. dit verschillende resultaten (evenwichten) kan geven, c. zij beiden eenzelfde dominante strategie hebben en d. wanneer het resultaat een evenwichtsuitkomst geeft dat niet Pareto-optimaal is. Pareto-optimaal is een uitkomst (evenwicht) dat voor beiden het meest gunstig zou zijn. Dit Pareto-optimum kan bereikt worden als ze wel met elkaar hun beslissingen (strategie) zouden kunnen afstemmen.

dominante strategie beslissing van een speler ongeacht wat de andere speler doet/beslist bij een gevangenendilemma. Het motief van de beslissing is vrijwel altijd eigenbelang. Als partijen zelfstandig zouden kunnen beslissen of ze willen betalen voor collectieve goederen, dan zouden ze nooit besluiten om collectieve goederen te (laten) produceren. Dit omdat er het free-rider-probleem bestaat. De overheid moet daarom betaling voor collectieve goederen afdwingen (= belasting).

samenwerken ter bevordering van welvaart, wie krijgt welk deel van het surplus

bevorderd door

- **overheid**

  manieren

  - **collectieve goederen aanbieden** dwingt mensen via belastingen hieraan mee te betalen
  - **voorschriften/wetten** bv. appartementencomplex moet een vereniging van eigenaren hebben
  - **besturen** algemeen verbindverklaring van cao, dreigen met wettelijke maatregelen
- **sociale normen** mensen spreken elkaar aan op asociaal gedrag, gevaar van uitsluiting als je je niet aan de normen houdt
- **afsluiten contract** beide partijen weten wat ze van elkaar kunnen verwachten en hoe te handelen bij het niet nakomen van afspraken
- **zelfbinding** duurzaam produceren d.w.z. rekening houden met het milieueffect, voorkomen prijzenoorlog

problemen

- **verzonken kosten** voorbereidingskosten of samenwerkingskosten vergeefs gemaakt

samenwerken verschillende partijen verbinden zich aan een gemeenschappelijk doel. Samenwerking kan de welvaart van een land vergroten. Door samenwerking kan er voor alle partijen een gunstiger resultaat ontstaan dan in geval van het individueel nastreven van eigen belang. Het gunstigere resultaat moet wel verdeeld worden. Een CAO heeft tot doel om werkgevers- en werknemersbelang te dienen. Werknemers willen in principe een zo hoog mogelijk loon en de werkgevers een zo hoog mogelijke winst. Door samen te werken en de vrede te bewaren, kunnen beide partijen profiteren.

sociale norm gedragsregel die geldt voor een groep. Zo zal een vriendengroep vinden dat je niet over elkaar moet roddelen. Als men een afspraak maakt, dan wordt er ook verwacht dat je die nakomt. Het niet voldoen aan een sociale norm brengt je positie in een groep in gevaar: de groep kan je uitstoten. Je zal hierdoor een deel van je (absolute) vrijheid inleveren ten gunste van het groepsbelang. Sociale normen zijn noodzakelijk om een groep te kunnen laten functioneren.

zelfbinding een partij handelt zoals hij zou willen dat ook andere partijen handelen met het oog op het gemeenschappelijk belang. Het is een vorm van in eerste instantie eenzijdige samenwerking. Hoe meer partijen het doen, hoe groter het effect. Bedrijven die duurzaam ondernemen denken aan de welvaart van toekomstige generaties en zullen het milieu zo min mogelijk belasten. Ander voorbeeld: bedrijven die zelf de prijs niet verlagen, hopen dat andere bedrijven dit ook niet doen, zodat een prijzenoorlog wordt voorkomen.

duurzaam produceren of **maatschappelijk verantwoord produceren** producten voortbrengen zonder de productiemogelijkheden in de toekomst in gevaar te brengen. Vissers die zich beperken in de visvangst zorgen er voor dat in de toekomst ook nog gevist kan worden. Ook op visserijgebied speelt weer het gevangenendilemma: nastreven van individueel belang schaadt uiteindelijk het collectieve belang. Samenwerking hier komt niet vanzelf tot stand, daarom moet de overheid (= EU) dwingen tot samenwerking.

prijzenoorlog heftige concurrentiestrijd van bedrijven met als instrument de hoogte van de prijs. Men probeert de kopers binnen te halen met een lagere prijs dan de concurrent. Supermarktketens zijn regelmatig verwikkeld in een prijzenoorlog. De prijzenoorlog beperkt zich overigens vaak tot enkele producten.

verzonken kosten gemaakte kosten die niet terugverdiend worden omdat een samenwerkingsverband niet tot stand komt. Als er door een bedrijf of particulier offertes worden aangevraagd voor bv. een verbouwing, gaan aannemers rekenen. Dit kost menskracht, dus geld. Alleen de aannemer die het werk krijgt kan de voorbereidingskosten terugverdienen. De andere offrerende aannemers hebben verzonken kosten. Een ander voorbeeld: tijdens de verbouwing moet je elders een huis huren en de aannemer komt zijn verplichting niet na om binnen de afgesproken tijd het werk op te leveren. Jij moet dan langer blijven huren en deze kosten had je niet voorzien. Als je dit had geweten, was je met een andere aannemer in zee gegaan. Deze kosten zijn verzonken kosten als ze niet te verhalen zijn op de aannemer.

cao samenwerking tussen werkgevers en werknemers

voordelen voor

- **werknemers** samen sta je sterker tegenover een machtige werkgever
- **werkgevers** je hoeft niet met iedere werknemer individueel te onderhandelen

nadelen voor

- **werknemers** individuele kracht, talent kan je niet uitbuiten, bv. er zijn weinig leraren natuurkunde
- **werkgevers** bedrijf kan niet concurreren met bv. loon om beste werknemer te krijgen

afspraken over

- **primaire arbeidsvoorwaarden** hoogte loon
- **secundaire arbeidsvoorwaarden** middagpauzes, reiskostenvergoeding

afspraken over lonen o.a. beïnvloed door

- **loonruimte** maximale percentage loonstijging dat ervoor zorgt dat het aandeel loonkosten in de totale kosten niet toeneemt

  bepaald door

  - **inflatiepercentage** consumentenprijsindex, (automatische) prijscompensatie
  - **percentage arbeidsproductiviteitsstijging** reële lonen kunnen stijgen
- **werkloosheid** wanneer werkloosheid laag is, dan zijn de looneisen hoog
- **overheid** wanneer premies omhoog gaan, worden looneisen hoger (afwenteling)

dwingende richtlijn voor

- **individuele arbeidsovereenkomst** één werkgever en één werknemer

fasen in onderhandelingen

- **centraal overleg in Stichting van de Arbeid** leidt wel of niet tot een centraal of sociaal akkoord; meestal rond oktober
- **overleg op bedrijfstak- /bedrijfsniveau** dit zijn de eigenlijke cao-onderhandelingen
- **goedkeuring minister Sociale Zaken** minister verklaart cao algemeen verbindend, d.w.z. geldend voor gehele bedrijfstak

centrale onderhandelingen sterk beïnvloed door

- **miljoenennota** geeft regering belastingvermindering?
- **macro-economische verkenning (MEV)** zal economie volgend jaar groeien?

cao of **collectieve arbeidsovereenkomst** contract tussen werkgeversbond (of grote werkgever) en werknemersbond over de arbeidsvoorwaarden van betrokken werknemers. Een cao geldt altijd voor een groep werknemers, werkzaam in een (groot) bedrijf of in een bepaalde bedrijfstak. Er zijn zo'n 250 verschillende cao's.

primaire arbeidsvoorwaarden de (meeste) geldelijke voorwaarden waaronder een werknemer zijn arbeid ter beschikking stelt van een werkgever. Bv. loonhoogte, vergoeding voor overwerk, vakantiegeld, e.d.

secundaire arbeidsvoorwaarden omvatten de (meeste) niet-geldelijke voorzieningen voor een werknemer. Je moet dan denken aan de lengte van de middagpauzes, leaseauto, kinderopvang, e.d.

prijscompensatie het brutoloon stijgt met hetzelfde percentage als de gemiddelde prijzen (inflatie). Dit voorkomt een koopkrachtdaling. Meestal is dit voor de vakbonden een cao-eis. N.B. Prijscompensatie moet je niet verwarren met inflatiecorrectie.

afwenteling iemand anders laten betalen voor wat je eigenlijk zelf moet betalen. Bv. hogere sociale premies zorgen voor minder besteedbaar loon. De vakbonden stellen dan looneisen en als hierdoor de lonen hoger worden, betalen in feite de bedrijven de premieverhoging.

individueel arbeidscontract overeenkomst tussen één werkgever en één werknemer. Bij het sluiten van een individueel arbeidscontract moet in ieder geval de cao (als deze er is) worden toegepast. Iedereen die gaat werken, sluit zo'n contract af.

Stichting van de Arbeid hoogste overlegorgaan tussen werkgevers- en werknemerscentrales. In het najaar spreekt men in grote lijnen over de komende arbeidsvoorwaarden. In dit overleg praten ook ministers mee. Iedere partij heeft zijn eigen doelstelling.

centraal akkoord of **sociaal akkoord** overeenkomst in de Stichting van de Arbeid over de grote lijnen van het nieuwe arbeidsvoorwaardenbeleid. Als er een sociaal akkoord is afgesloten dan moeten de cao-onderhandelaars zich hieraan houden.

werkgeverscentrale overkoepelend bestuur van diverse verenigingen van werkgevers. Zij onderhandelt o.a. in de Stichting van de Arbeid. In Nederland is de belangrijkste het VNO-NCW.

werknemerscentrale of **vakcentrale** overkoepelend bestuur van diverse werknemersbonden. Zij verdedigt de belangen van werknemers o.a. in de Stichting van de Arbeid. Bv. het FNV is het overkoepelende bestuur van o.a. de industriebond-FNV. Naast het FNV is er ook het CNV.

loonstijging

vormen

- **prijscompensatie** koopkrachtverlies door inflatie compenseren
- **initieel** voor groepen werknemers geldend
- **incidenteel** voor individuele werknemers geldend

overheid en loonvorming

diverse invloeden van overheid

- **werkgever ambtenaren** overheid onderhandelt hierover met de vakbonden
- **cao's algemeen verbindend verklaren** overheid moet ze voorschrijven voor werkgevers en werknemers
- **verandering van belasting- en premieheffing** lagere belastingen $\Rightarrow$ lagere looneisen
- **vaststelling minimumloon** hoger minimumloon $\Rightarrow$ hogere looneisen voor niet-minimumlonen

positieve gevolgen van hogere lonen

- **meer belasting- en premie-inkomsten** meer dan evenredig door progressieve belastingen
- **minder subsidieaanvragen** bv. minder aanvragen huursubsidie

negatieve gevolgen hogere lonen

- **hogere ambtenarensalarissen** ambtenaren willen bedrijfsleven volgen, verhoging overheidsuitgaven $\Rightarrow$ overheidstekort groter
- **hogere sociale uitkeringen** door koppeling komen er hogere uitkeringen
- **kans op hogere werkloosheid** o.a. door verslechtering concurrentiepositie

initiële loonstijging verhoging van het reële loon die geldt voor een groep werknemers. Het is een loonsverhoging bovenop de prijscompensatie.

incidentele loonstijging verhoging van het reële loon dat voor een individu geldt. Deze loonsverbetering staat niet in een cao. Bv. extra loon verkregen door overwerk/promotie.

Europese Unie (EU) samenwerking in Europa, supranationale wetgeving

doelen: de vier vrijheden

- **vrij verkeer van goederen** binnen de EU geen invoerrechten
- **vrij verkeer van diensten** ook vrachtwagenvervoer door iedere onderneming in de EU aanbieden zonder belemmering
- **vrij verkeer van personen** iedere EU-ingezetene kan wonen en werken in de EU waar hij wil
- **vrij verkeer van kapitaal** iedere EU-ingezetene kan zonder belemmering investeren of beleggen binnen de EU waar men wil

instituties

- **Europese Raad** de EU-regeringsleiders
- **Raad van Ministers** bv. alle EU-ministers van Landbouw
- **Europese Commissie** hoogste uitvoerende macht in de EU
- **Europees Parlement** enige echte machtsmiddel: budgetrecht
- **Europese Hof van Justitie** hoogste rechtscollege in de EU

inkomsten

- **douanerechten** invoerrechten over producten van buiten de EU
- **landbouwheffingen** superheffing
- **btw-afdracht** gedeelte btw-ontvangsten EU-land
- **contributie** afdracht percentage bnp EU-land

uitgaven op gebied van

- **landbouwbeleid** interventieprijzen, subsidies
- **onderzoek en ontwikkeling** bevorderen innovatie
- **structuurbeleid** steunen van economisch achtergebleven regio's
- **sociaal beleid** helpen bij werkloosheidsbestrijding
- **ontwikkelingssamenwerking** associatieverdragen
- **organisatiekosten** Europese ambtenaren, gebouwen e.d.

Europese Unie politiek en economisch samenwerkingsverband van 28 landen (2016) die een deel van hun wetgevende, uitvoerende en rechtsprekende bevoegdheden hebben overgedragen aan Europese instituties. Hierbij staat in principe het gemeenschappelijke belang en niet het individuele belang op de voorgrond. De eurozone bestaat uit een deel van de EU-landen die de euro als munteenheid hebben ingevoerd (2016: 19 landen).

economische integratie verstrengeling van economieën van landen. Landen willen steeds meer met elkaar handelen en zodoende worden er allerlei belemmeringen opgeheven. Bedrijven kunnen zodoende makkelijker exporteren. Zij krijgen dan te maken met een betere toegang tot meer afzetgebieden (markten). Hierdoor kunnen bedrijven overgaan tot massaproductie en dit kan voordeel opleveren voor de kostprijs (schaalvoordelen).
Om tot goede handelsrelaties te komen, moeten de landen ook proberen de eisen die zij aan producten stellen zo veel mogelijk gelijk te maken. Dit blijkt in de praktijk een groot probleem.

supranationaal betekent boven landen staande. In de EU komt veel wet- en regelgeving tot stand. Landen moeten zich houden aan deze wetten, ze hebben geen vrijheid meer om hier van af te wijken. Zo moet Nederland voortdurend zijn nationale wetten aanpassen aan de (supranationale) wetgeving van de EU.

Europese Raad overlegorgaan van staatshoofden (in feite alleen de Franse president) en de regeringsleiders (ministers-presidenten) van de EU-landen alsmede de voorzitter van de EU. Zij vergaderen minstens tweemaal per jaar. Deze Raad doet de politieke besluitvorming op hoofdlijnen. Vaak moet de Europese Raad de politieke knopen doorhakken, waar de ministerraden niet zijn uitgekomen.

EU-ministerraad coördinerend en besluitnemend lichaam van de EU-ministers met betrekking tot het beleid van de EU. Deze raad bestaat uit ministers van de EU-landen wier werkterrein aan de orde is. Zo heb je de raad van landbouwministers, de raad van ministers van financiën etc.

Europese Commissie hoedster van de bepalingen uit de EU-verdragen. De commissie bereidt besluiten voor en voert ze uit. Deze instantie doet aanbevelingen of geeft adviezen over onderwerpen die in de EU-verdragen worden behandeld. De leden van de Commissie worden in onderlinge overeenstemming door de regeringen van de lidstaten benoemd; hun mandaat duurt vier jaar. De Commissie wordt wel eens beschouwd als de toekomstige EU-regering binnen een federale Europese Unie.

Europees Parlement controleert en bepaalt mede de besluitvorming van de Raad van Ministers en de Europese Commissie. De belangrijkste bevoegdheid is het budgetrecht.

budgetrecht het recht om de overheidsbegroting te verwerpen (af te keuren) door het parlement. Het Europees Parlement heeft door te dreigen van dit recht gebruik te maken, de indirecte macht om de Europese begroting te veranderen.

4 domein G concept risico en informatie

informatie bij marktpartijen

soorten

- **symmetrische informatie** alle (markt-)partijen hebben dezelfde informatie
- **asymmetrische informatie** de (markt-)partijen hebben niet dezelfde informatie

verzekeren risico overdragen tegen betaling, verzekeringspolis

marktpartijen

- **verzekeraar** of **verzekeringgever** verzekeringsmaatschappijen

  risico's

  - **asymmetrische informatie** verzekerde kent meer risico
  - **averechtse selectie** alleen verzekerden met hoog risico
  - **moreel wangedrag** verzekerde neemt onverantwoord risico
- **verzekerde** of **verzekeringnemer** de premiebetaler

  motieven

  - **risicomijding** of **risicoaversie** de een durft/kan meer risico aan dan de ander
  - **inschatten risico** kans dat een gebeurtenis optreedt
  - **financieel gevolg van een gebeurtenis** afwegen tegen premie

symmetrische informatie gelijke kennis die aanwezig is bij betrokkenen bij een transactie. Symmetrisch zegt letterlijk: het is een spiegelbeeld. Symmetrische informatie zal zelden volkomen zijn. Een voorbeeld dat dichtbij komt: bij een huizenverkoop heb je twee makelaars: een voor de koper en een voor de verkoper. Van beide makelaars mag je verwachten dat ze de huizenmarkt goed kennen en de kwaliteit van het huis goed kunnen inschatten. Zij kunnen dus goed over de prijs onderhandelen.

asymmetrische informatie er is ongelijke kennis aanwezig bij betrokkenen bij een transactie. Zo weet iemand die bij een autohandelaar een occasion koopt niet wat de kwaliteit is en wat de normale prijzen zijn. Je kan natuurlijk door informatie te verzamelen deze asymmetrie verminderen: je kan de auto laten keuren en informeren naar prijzen bij andere garages. Als een verzekerde meer risico's kent dan de verzekeringsmaatschappij, kan een maatschappij de premie wel eens te laag vaststellen.

verzekeren overdragen van een (meestal) financieel gevolg van een gebeurtenis (schade) die iemand kan overkomen tegen betaling van een verzekeringspremie. Zo zijn er zangers die hun stem verzekeren: als zij hun stem verliezen en daardoor hun broodwinning, dan krijgen ze van hun verzekeringsmaatschappij een uitkering. Deze uitkering dekt dan hun inkomensverlies. Hier geldt: hoe hoger de premie hoe hoger de uitkering. Degene die een uitkering krijgt, hoeft niet degene te zijn die de premie heeft betaald. Denk aan een overlijdensrisicoverzekering.

polis papier waarop de afspraken staan tussen de verzekeringsmaatschappij en de verzekerde. Dit contract geeft dus aan waarop je recht hebt en wanneer en hoeveel je aan premie moet betalen. De polisvoorwaarden beschrijven heel precies wanneer je ergens recht op hebt.

averechtse selectie (averechts = ongunstig) bij een verzekeringsmaatschappij treedt op als voor een bepaalde verzekering zich alleen mensen verzekeren met een hoog risico. Bij een vakantieverzekering heb je bijvoorbeeld wintersporters en 'gewone' vakantiegangers. Wintersporters hebben een meer dan gemiddeld risico op letsel. De verzekeringsmaatschappij probeert averechtse selectie te voorkomen door wintersport uit te sluiten van een vakantieverzekering of een extra premie te vragen. Zouden ze dit niet doen, dan zal de gemiddelde vakantieverzekeringspremie hoger worden, waardoor mensen met een gering risico zich niet meer verzekeren, met als gevolg, etc.

moral hazard of **moreel wangedrag/risico/gevaar** of **nalatig gedrag** verschijnsel dat verzekerden niet het gedrag vertonen dat je mag verwachten. Bijvoorbeeld mensen met een vakantieverzekering, die in het vakantieland slordig met hun waardevolle spullen omgaan. De maatschappijen stellen daarom vaak eisen aan je gedrag of stellen een eigen risico in.

risicoavers of **risicomijdend gedrag** (avers = afkerig) eigenschap van een individu die weinig risico durft te nemen. In de grote stad worden veel fietsen gestolen, dit zet sommige mensen ertoe aan om een fietsenverzekering te nemen, maar anderen durven dat risico wel te nemen. Het heeft allemaal te maken met een persoonlijke risico-inschatting en met de vraag in hoeverre je het gevolg kan of wil opvangen. Iemand met een hoog inkomen en/of veel vermogen zal makkelijker een 'risicovol' gedrag kunnen vertonen.

premie verschuldigd bedrag per tijdseenheid om verzekerd te zijn

hoogte afhankelijk van

- **risico** wat is de kans dat een gebeurtenis zich voordoet
- **mogelijke financiële schade** een huis in vlammen is anders dan een gestolen fiets
- **profiel deelnemers** vindt er wel of geen averechtse selectie plaats
- **mate van solidariteit** hoe zit het met het gemiddelde risicoprofiel van de premiebetaler

nodig voor

- **uitbetaling van schades** uitkering van verzekeringsgelden
- **kosten van verzekeringsmaatschappij** personeelslasten, kosten gebouwen, etc.
- **winst verzekeringsmaatschappij** als het een particulier bedrijf is

tegengaan averechtse selectie

mogelijkheden

- **eigen risico instellen** deel van de schade moet je zelf betalen
- **premiedifferentiatie** in grote stad betaal je meer voor fietsenverzekering, risicogroepen indeling
- **afdwingen solidariteit** ziektekostenverzekering verplicht voor iedereen (overheid!)
- **bonus/malus-regeling** autoverzekeringspremie omlaag bij schadevrij rijden

verzorgingsstaat

doelen

- **verzoening markteconomie met sociale doelstellingen**
- **verzoening eigenbelang met solidariteit** overheid dwingt vaak tot solidariteit

sociale wetgeving basis van de sociale zekerheid; kenmerk van de verzorgingsstaat

doelen

- **maatschappelijk** volksgezondheid, wettelijke aansprakelijkheid regelen
- **laag houden verzekeringspremie** gedwongen solidariteit
- **beïnvloeding van inkomensverdeling** steun aan niet-draagkrachtige

  resultaat onder meer

  - **secundair inkomen ongelijk aan primair inkomen**
  - **nivellering van inkomens** Lorenzcurve geeft dit aan
- **garanderen van bestaanszekerheid** solidariteit met zwakke

geeft een uitkering ten behoeve van

- **bestaansminimum** voor iedereen minstens het sociale minimum, zoals WWB
- **inkomstenderving** verlies van inkomsten buiten eigen schuld, zoals WIA en WW
- **kostenbijdragen** ziektekosten, zoals AWBZ en opvoedingskosten, zoals AKW

indexering/automatische geldelijke aanpassingsystemen

- **welvaartsvast** volgt gemiddelde loonstijging
- **waardevast** volgt de inflatie

premie bedrag dat je aan een verzekeringsmaatschappij betaalt, waarvoor je een afgesproken (meestal financiële) vergoeding krijgt als zich een bepaalde risicovolle gebeurtenis voordoet. Soms is de uitkering indirect, bijvoorbeeld bij een ziekenhuisopname, of een autoreparatie. De premie is vaak gerelateerd aan de hoogte van de uitkering. Je moet dus uitkijken dat je niet onderverzekerd bent.

sociale zekerheid stelsel van overheidsvoorzieningen en verplichte verzekeringen waardoor burgers in situaties van verlies van inkomsten en/of bepaalde hoge kosten financieel gesteund worden.

verzorgingsstaat vangt de ongewenste sociale gevolgen van de markteconomie op (waar in principe het recht van de sterkste c.q. rijkste geldt). De overheid neemt vele verzorgingstaken op zich met name op het gebied van gezondheidszorg, onderwijs, werkgelegenheid en sociale zekerheid. In Nederland komt dit onder meer tot uiting in de sociale zekerheid.

primair inkomen inkomen verdiend met werken plus inkomen uit bezit: dividend, rente, pacht/huur (ezelsbruggetje: wilp/h = winst, interest, loon, pacht/huur).

secundair inkomen primair inkomen gecorrigeerd voor inkomensoverdrachten aan of van de overheid. Je trekt van het primaire inkomen de inkomstenbelasting en sociale premies af en telt er de sociale uitkeringen bij op, bv. de AOW.

primaire personele inkomensverdeling verdeling van het primaire nationaal inkomen over de inkomenstrekkers (personen met een inkomen) of over gezinnen (huishoudens) van een land. Deze verdeling geeft in Nederland een grote mate van ongelijkheid aan.

secundaire personele inkomensverdeling verdeling van het secundaire nationaal inkomen (primair nationaal inkomen minus directe belastingen en sociale premies plus sociale uitkeringen en voorzieningen) over personen in een land. Progressieve inkomstenbelasting en de sociale uitkeringen als AOW maken deze minder scheef dan de primaire verdeling.

Lorenzcurve geeft de scheefheid van de verdeling van de personele inkomens in een grafiek weer. Het percentage mensen met een inkomen, gerangschikt van laag naar hoog staat op de x-as. Het percentage van het totale inkomen staat op de y-as weergegeven. Men kan overigens ook een Lorenzcurve van een vermogensverdeling maken.

nivelleren betekent gelijker maken. Het nivelleren van inkomens betekent dat de verhouding hoge/lage inkomens kleiner wordt. We kijken dus niet naar de absolute afstand tussen de inkomens, maar naar de relatieve afstand: de verhouding.

sociale minimum of **bestaansminimum** bedrag waarvan de overheid vindt dat iemand dit minimaal nodig heeft om van te leven. Dit bedraagt per 1-1-2017 voor een alleenstaande > 23 jaar ongeveer € 1154 bruto per maand (= ±70% van het minimumloon).

socialezekerheidsuitkeringen gedwongen solidariteit

- **overheidsdeel**
  - **socialeverzekeringsuitkeringen** betaald uit premies en belastingen
    - **volksverzekeringen** in beginsel voor iedereen geldend
      - **AOW** algemene ouderdomswet
      - **AKW** algemene kinderbijslagwet; helemaal uit belasting betaald
      - **ZVW** Zorgverzekeringswet, inkomensafhankelijke bijdrage
      - **AWBZ** algemene wet bijzondere ziektekosten
    - **werknemersverzekeringen** premies betaald door werkgevers en werknemers; uitgekeerd door UWV
      - **ZW** ziektewet
      - **WIA** wet werk en inkomen naar arbeidsvermogen
      - **WW** werkloosheidswet
  - **socialevoorzieningenuitkeringen** helemaal betaald uit belastingen
    - **WWB** wet werk en bijstand
    - **Wajong** wet arbeidsongeschiktheidsvoorziening voor jonggehandicapten
- **particuliere deel** verzorgd door verzekeringsmaatschappijen
  - **ziektegeld** geregeld in de ziektewet
  - **ZVW** Zorgverzekeringswet: iedereen verplicht verzekerd voor een basispakket
  - **VUT** vervroegde uittreding
  - **pensioenregeling** AOW is de basis

redenen om dit door de particuliere sector te laten doen o.a.

- **efficiency** soms goedkoper als particuliere maatschappijen dit regelen
- **eigen risico** zelf moeten betalen betekent minder oneigenlijk gebruik
- **verlaging van collectieve lasten** verschuiving lasten van publieke naar privésector

methode van financieren van sociale zekerheid

- **kapitaaldekkingsstelsel** geldt voor VUT en pensioen
- **omslagstelsel** jaarlijkse premieopbrengsten gelijk aan de jaarlijkse uitkeringen, bv. AOW

welvaartsvaste uitkering een uitkering die procentueel evenveel stijgt als de gemiddelde loonstijging. Zeker in tijden wanneer lonen procentueel meer stijgen dan de inflatie, verbetert dan ook de koopkracht van een uitkeringsgerechtigde. De AOW is zo'n uitkering.

waardevaste uitkering een uitkering die procentueel evenveel stijgt als de inflatie. Op deze manier blijft de koopkracht gelijk. De meeste uitkeringen zijn waardevast.

volksverzekeringen verzekeren iedereen die in Nederland woont of hier in loondienst werkt. De uitkeringen zijn niet afhankelijk van het inkomen. De premies daarentegen wel.

Algemene Ouderdomswet (AOW) geeft iedere Nederlander vanaf het 65e/67e jaar een ouderdomspensioen. Vaak heeft men ook nog een andere, particuliere pensioenvoorziening. De AOW is voor veel 65/67-plussers zodoende een basispensioenvoorziening.

Algemene Kinderbijslagwet (AKW) geeft ouders recht op een tegemoetkoming in de kosten voor de opvoeding van hun kinderen. Men krijgt meer geld naarmate het kind ouder wordt. Kinderbijslag wordt betaald uit de algemene middelen (= belastingen).

zorgverzekeringswet (ZVW) sociale verzekering voor geneeskundige zorg ten behoeve van de gehele bevolking. Iedereen moet zich tegen ziektekosten verzekeren en men is vrij om zelf zijn verzekeringsmaatschappij te kiezen. Men betaalt dan een basispremie voor het standaardpakket. Wil men een uitgebreidere dekking dan moet men zich bijverzekeren. Naast deze premie betaal je ook een percentage van je inkomen. Het bedrag is wel gemaximeerd. Dit bedrag is bedoeld voor bijdrage aan extreme risicoafdekking van verzekeringsmaatschappijen.

Algemene Wet Bijzondere Ziektekosten (AWBZ) betaalt de kosten van langdurige thuiszorg of opname in een verpleeghuis of gehandicapteninstelling. Deze kosten worden niet door de gewone ziektekostenverzekering vergoed.

werknemersverzekeringen overheidsverzekering voor werknemers. Werknemers en (vaak) werkgevers betalen premie voor zo'n verzekering. Deze verzekeringen beschermen de verzekerden tegen het verlies van inkomen. Zowel de uitkeringen als de premies zijn inkomensafhankelijk.

Uitvoeringsinstituut Werknemersverzekeringen (UWV) verstrekt tijdelijk inkomen in het kader van wettelijke regelingen als de WW en WIA. De UWV koppelt de uitkering altijd aan een onderzoek naar mogelijkheden om terug te keren op de arbeidsmarkt.

Ziektewet (ZW) geeft recht op ziekengeld als je door ziekte, ongeval of gebreken niet in staat bent tot werken. De werkgever heeft op grond van deze wet de plicht om door te betalen bij ziekte, maar kan dit natuurlijk verzekeren.

premie- en belastingdruk percentage van nationaal inkomen dat naar de overheid gaat

reacties op verhoging van lastendruk

- **legale effecten** dit kan of mag volgens de wet
  - **afwenteling in hogere loonkosten** vakbondsactie om nettoloon hetzelfde te houden
  - **afname participatie arbeid** men houdt minder netto over, minder overwerken
  - **aanpassing bestedingsgedrag** hogere sigarettenaccijns doet minder roken
  - **hogere prijzen** hogere btw wordt doorberekend in de prijzen
  - **belastingvlucht** wonen in België (milder fiscaal klimaat)
  - **substitutie arbeid/kapitaal** dure arbeid wordt vervangen door kapitaal
- **illegale effecten** dit mag *niet* volgens de wet
  - **zwart (laten) werken** wig wordt bespaard
  - **verzwijgen omzet** de btw-afdracht wordt 'verdiend'

tegengaan van oneigenlijk gebruik van sociale verzekeringen en voorzieningen

fraude tegengaan door

- **strenge controle** bv. via huisbezoeken of gegevens UWV WERKbedrijf koppelen met gegevens van de belastingdienst
- **eenvoudige regels** ingewikkelde regels geven meer mogelijkheden tot misbruik
- **hoge boetes** afschrikeffect

beperken van uitkeringsmogelijkheden door

- **verruiming van begrip passende arbeid** mensen moeten eerder een baan accepteren
- **verplicht stellen van scholing** hierdoor wordt de kans op werk groter
- **uitkering afhankelijk van arbeidsverleden** pas nadat je lang genoeg hebt gewerkt, krijg je een uitkering
- **herkeuring/strenge keuringseisen** je bent niet zo makkelijk arbeidsongeschikt
- **verkorting van uitkeringsperiode** geeft extra prikkel om betaald werk te zoeken

Wet Werk en Inkomen naar Arbeidsvermogen (WIA) een verzekerde, die door ziekte of ongeval niet meer (volledig) kan werken, komt na een jaar arbeidsongeschiktheid in aanmerking voor een WIA-uitkering. Ben je langer dan twee jaar ziek, word je definitief gekeurd voor de WIA.

Werkloosheidswet (WW) geeft een werkloze ex-werknemer recht op een uitkering. De duur van de uitkering is afhankelijk van arbeidsverleden (hoe lang men gewerkt heeft) en leeftijd.

Wet Werk en Bijstand (WWB) (voorheen bijstandswet) geeft een minimumuitkering als je niet in je eigen levensonderhoud kan voorzien. Tegelijkertijd heb je dan wel de plicht om actief te zoeken naar werk. De uitkeringsinstantie zal je daarbij ondersteunen als dat nodig is. Vanaf 2015 onderdeel van de participatiewet.

Wajong geeft mensen recht op een uitkering die voor hun 18e levensjaar arbeidsongeschikt zijn en studenten die voor hun 30e arbeidsongeschikt raken. Vanaf 2015 grotendeels onderdeel van de participatiewet.

oneigenlijk gebruik sociale zekerheid gebruikmaken van sociale verzekeringen en voorzieningen door personen voor wie het niet bedoeld is, of wanneer men er geen recht op heeft. Mensen die gebruikmaken van de bijstand, maar wel zouden kunnen werken, maken dus oneigenlijk gebruik van de bijstand. Fraude plegen valt ook onder oneigenlijk gebruik, bv. zwartwerken en een bijstandsuitkering krijgen.

passende arbeid een beroep dat geschikt voor je is. Als je werkloos bent, hoef je niet op iedere baan te solliciteren. Je scholing kan helemaal verkeerd zijn. Tegenwoordig vindt de overheid (het UWV WERKbedrijf) steeds meer banen geschikt (passend) voor een werkloze. Iemand met een havo-opleiding kan in principe ook laag geschoold werk doen.

beleggen ruilen over de tijd

manieren

- **sparen bij een bank** via een spaarrekening
- **aandelen kopen** van een NV of een BV, effectenbeurs, belangrijke graadmeter is de AEX-index
- **obligaties kopen** van de overheid of een bedrijf
- **onroerend goed kopen** een huis, bedrijfsgebouw of grond

vormen van opbrengsten

- **rente of interest** spaarrekening of obligatie
- **dividend** aandeel, deel van de winst
- **huur** huis of gebouw
- **pacht** grond
- **vermogenswinst** de onderliggende waarden stijgen in waarde, bv. huizenprijzen stijgen

hoogte rente

afhankelijk van

- **schaarste** vraag en aanbod
- **termijn** duur van de lening
- **risico** kans dat de lening niet terug wordt betaald
- **inflatie** men wil meer rente dan inflatie, anders koopkrachtverlies

verandering gevolg voor

- **vraag en aanbod van leengeld**
- **koers obligatie** prijs van een obligatie
- **koers aandelen** prijs aandelen, bv. zichtbaar op de effectenbeurs

beleggen geld ergens insteken met het doel een geldopbrengst te verkrijgen zonder zelf te willen produceren. Je moet beleggen goed onderscheiden van investeren. Dit laatste betekent dat je kapitaalgoederen koopt met het doel te produceren. Je maakt het met beleggingsgeld wel mogelijk dat anderen bestedingen kunnen doen. De opbrengst van een belegging is voor de belegger een vergoeding voor het uitstellen van zijn eigen bestedingen.

aandeel bewijsstuk dat aangeeft dat men (mede-)eigenaar is van een bedrijf. Dit bewijsstuk kan op naam worden gesteld of aan toonder. Deze laatste wordt verhandeld op de effectenbeurs. De beurswaarde of koers is het bedrag dat men ervoor wil betalen (afhankelijk van o.a. dividend en speculatie).

dividend (deel van de) winst die per aandeel aan de aandeelhouders wordt uitgekeerd.

dividendrendement bedrag dat een bedrijf per aandeel uitkeert gedeeld door de aankoopkoers van het aandeel. De aandeelhouders hebben zodoende ieder een eigen rendement. Het verwachte dividendrendement vergelijkt een belegger met bv. de rente als onderdeel van zijn beslissing waarin te beleggen.

AEX-index Amsterdam EXchange index, gewogen indexcijfer van de hoofdfondsen van de effectenbeurs in Amsterdam. Een hoofdfonds betreft een bedrijf, waarvan dagelijks veel aandelen van eigenaar wisselen. Het belangrijkste hoofdfonds is Shell en dit weegt het zwaarst in de index.

obligatie schuldbewijs van een bedrijf of overheid dat jaarlijks vaste rente geeft. Een staatsobligatie is door het rijk uitgegeven. Een obligatie is een papier/bewijsstuk waarop het bedrag van de lening/obligatie staat en het rentepercentage dat jaarlijks wordt uitgekeerd. De looptijd is meestal meerdere jaren, soms eeuwigdurend. Obligaties van grote bedrijven en de overheid zijn via de beurs te kopen of te verkopen. Een hogere rente leidt tot een lagere koers van de uitstaande obligaties; andersom: een dalende koers van de obligaties betekent een stijgende rente. Er zijn geen fysieke obligaties meer, maar een bank houdt dit digitaal bij.

nominale waarde van een obligatie waarde die op een obligatie staat of bedrag dat je krijgt als de obligatie expireert (= afloopt) van degene die de obligatie heeft uitgegeven.

couponrente rentepercentage dat je jaarlijks krijgt van de nominale waarde van een obligatie.

effectief rendement van een obligatie werkelijke rentepercentage dat je verdient aan een obligatie per jaar, berekend over de looptijd. Stel je koopt een obligatie van nominaal € 1000 op een koers van 98, met een resterende looptijd van 5 jaar en een couponrente van 6%. Je betaalt dan € 980, maar krijgt over 5 jaar wel € 20 meer terug, dus gemiddeld per jaar: € 20 ÷ 5 = € 4. Je verdient in feite € 60 + € 4 = € 64 per jaar. Het effectieve rendement is dan 6,4%. NB. De nauwkeurige berekening is iets ingewikkelder.

vermogenswinst waardestijging van je bezittingen als gevolg van marktomstandigheden. Zo kan je huis meer waard worden, aandelen stijgen in koers.

rechtsvorm bedrijven ondernemersrisico

- **eenmansbedrijf** de winkel op de hoek
- **vennootschap onder firma (vof)** groep ondernemers
- **besloten vennootschap (bv)** aandelen op naam, risico beperken
- **naamloze vennootschap (nv)** aandelen aan toonder, risico beperken

overzichtstabel

soort onderneming → kenmerken ↓	**eenmanszaak**	**vof**	**bv**	**nv**
hoofdelijke aansprakelijkheid	ja	ja	nee	nee
scheiding eigenaren en directie	nee	nee	soms	ja
rechtspersoon	nee	nee	ja	ja

bedrijf of **onderneming** iedere instelling/huishouding die goederen of diensten voortbrengt met het doel deze te verkopen tegen een prijs die de productiekosten ten minste moet dekken. Hieronder valt dus ook een huishoudelijke hulp of een artsenpraktijk.

rechtsvorm of **juridische vorm** in de wet omschreven manier van juridische organisatie van een bedrijf. Een buitenstaander weet dan op welke manier de financiële aansprakelijkheid en de leiding geregeld is (wie mag de beslissingen nemen).

ondernemersrisico risico dat je het geld dat in je in een bedrijf stopt verliest of dat je niets verkoopt. Als een ondernemer kosten heeft gemaakt, bv. schoenen heeft ingekocht, en hij verkoopt niets, dan zit de ondernemer met het verlies. Als de schoenen nog niet betaald zijn, dan kan hij in het geval van een eenmanszaak met zijn privévermogen aansprakelijk zijn. In het geval van een bv is het bedrijf aansprakelijk. Voor de leverancier is er dan de hoop dat er genoeg geld in de zaak zit.

hoofdelijke aansprakelijkheid wil zeggen dat een ondernemer met zijn privévermogen aansprakelijk is voor alle schulden van het bedrijf. Heeft bijvoorbeeld een van de VOF-partners (zie hieronder) geen geld, dan draaien de anderen voor alles op bij faillissement.

eenmansbedrijf bedrijf waarbij er één eigenaar is. Deze eigenaar geeft zelf leiding aan zijn zaak. Er is geen verschil tussen privé en zakelijk vermogen. Hij is hoofdelijk aansprakelijk. Veel winkeliers zijn eenmansbedrijven. Eenmansbedrijven kunnen natuurlijk personeel in dienst nemen! De winst is het inkomen van de eigenaar.

vennootschap onder firma (vof) bedrijf waarbij er meerdere eigenaren (= vennoten) zijn. Meestal is dit een startende onderneming. Alle eigenaren brengen wat geld in en regelen de zaken in onderling overleg. Zij zijn allemaal hoofdelijk aansprakelijk. Denk aan een economisch adviesbureau of een startend reclamebureau. De winst is inkomen voor de eigenaren.

besloten vennootschap (bv) bedrijf dat aandelen op naam uitgeeft. De eigenaar (of eigenaren) van het bedrijf zijn in principe alleen financieel aansprakelijk voor het geld dat in het bedrijf gestoken is (= dat voor de aandelen betaald is). Bij kleine bv's is er vaak één aandeelhouder, die ook de directeur van het bedrijf is: de eigenaar is dan in loondienst bij het bedrijf. Soms zijn grote bedrijven ook bv's, zoals C&A. De winstuitkering noemt men dividend.

naamloze vennootschap (nv) bedrijf dat aandelen aan toonder uitgeeft. De eigenaren kunnen alleen hun geld verliezen dat ze voor de aandelen betaald hebben. De niet-op-naam-gestelde (= naamloze) aandelen kunnen via de effectenbeurs gekocht of verkocht worden. De aandeelhouders krijgen een deel van de winst. De winstuitkering noemt men dividend.

balans

overzicht van

- **bezittingen** of **activa** wat je hebt op een bepaald tijdstip, staat altijd links aangegeven
- **schulden** of **passiva** wat voor schulden heb je en wat is je echte bezit op een bepaald tijdstip = eigen vermogen

eenvoudig voorbeeld van een nv of bv

bezittingen	schulden
liquide middelen	**vreemd vermogen**
kas	kortlopend
giro	bankkrediet
	leverancierskrediet
vlottende activa	langlopend
debiteuren	hypothecaire lening
vaste activa	**eigen vermogen (saldo)**
inventaris	reserves
gebouwen	aandelenkapitaal

balans (boekhoudkundig) een overzicht van de bezittingen, de schulden en het eigen vermogen van een huishouding *op een bepaald tijdstip*. Vaak staat aangegeven 'Per Ultimo', dat wil dan zeggen: aan het eind van een maand, of het eind van een jaar. De bezittingen (activa) staan links, de schulden (passiva) en het eigen vermogen rechts aangegeven. Het totaal aan de rechterzijde en dat aan de linkerzijde zijn altijd gelijk aan elkaar.

activa Latijnse woord voor bezittingen. Staat altijd links op een balans.

passiva Latijnse woord voor schulden. Staat altijd rechts op een balans. Het eigen vermogen is het saldo van activa en passiva en staat ook aan de passivakant. Dit zorgt ervoor dat het totaal van links altijd gelijk is aan rechts. Je zou eigen vermogen kunnen zien als: schuld aan de eigenaren.

liquide middelen 'als betaling beschikbaar'. Dit omvat contant geld en geld op een bankrekening waar je via internet of pinpas direct iemand mee kan betalen. Een spaarrekening kan je vaak makkelijk naar je bankrekening overschrijven en is dus behoorlijk liquide. Een eigen huis is daarentegen behoorlijk illiquide.

krediet lening. Bij een bankkrediet heb je een lening van een bank. Veel kredietverlening van banken zorgt voor veel geld in omloop. Bij een leverancierskrediet heb je een lening van een leverancier. Dit laatste betekent dat je iets hebt gekocht wat je voorlopig niet hoeft te betalen.

hypothecaire lening lening met als onderpand een onroerende zaak. Een hypotheek duurt veelal een lange tijd. Het onderpand moet als garantie gelden dat de bank zijn geld terugkrijgt als men zijn hypotheek niet meer kan betalen.

5 domein H concept welvaart en groei

economische wetenschap een sociale of maatschappijwetenschap

belangrijkste begrippen

- **schaarste** spanning tussen behoeften en (productie)middelen
- **behoeften** wat mensen willen
- **alternatieve aanwendbaarheid** waar gaan de productiemiddelen voor gebruikt worden

welvaart

verschillende interpretaties

- **welvaart in ruime zin** relatief: wat wil je, vergeleken met wat je kan doen/kopen
- **welvaart in enge zin** absoluut: wat kan je doen/kopen; reëel nationaal product per hoofd van de bevolking

Human Development Index (HDI) vergelijking tussen landen, indicatie van welvaart

bepaald door

- **levensverwachting bij geboorte** hoe oud zal de gemiddelde boreling worden
- **gemiddelde aantal jaren scholing volwassenen** hoe zit het o.a. met alfabetisme volwassenen
- **verwachte jaren scholing bij geboorte**
- **bbp per hoofd bevolking**

produceren

kenmerken

- **combineren van productiefactoren** kapitaal, arbeid, natuur en ondernemerschap (KANO)
- **toevoegen van waarde** beloning van de productiefactoren

productie

- **informele productie** onofficiële, officieuze of onbekende productie
  - **grijze productie** huisvrouw, zwartwerkers
  - **zwarte productie** ontduiken van belastingen
- **formele productie** officiële bekende productie van bedrijven en overheid

producenten bedrijven en overheid

indelingen naar

- **marktsector** winstgericht
  - **primaire sector** landbouw, grondstoffen
  - **secundaire sector** industrie
  - **tertiaire sector** dienstverlening gericht op winst, NS, banken
- **maatschappelijke sector** niet-commerciële dienstverlening
  - **quartaire sector** overheid, academisch ziekenhuis

economische wetenschap bestudeert de manier waarop de mensen hun behoeften (wensen) met schaarse, alternatief aanwendbare middelen bevredigen (vervullen).

(relatieve) schaarste spanning tussen de behoeften en de middelen om in behoeften te voorzien. De vuistregel is: een goed is schaars als er (1) iets voor gedaan moet worden en er (2) behoefte aan is, bv. brood, taxidienst. Absolute schaarste betekent: weinig voorkomend, bv. platina. Economische schaarste dwingt tot keuzes, bv. van welk product wordt veel geproduceerd en van welk weinig.

alternatief aanwendbaar op verschillende manieren te gebruiken, bv. een arbeider werkt op het land of kan op kantoor werken. Heeft men een keuze gemaakt dan is er sprake van een opgeofferd alternatief.

welvaart in ruime zin niveau/mate van behoeftebevrediging. Dat wil zeggen, je vergelijkt je behoeften (wensen) met je totale behoeften. Het is dus een subjectief begrip. Zo is iemand met veel behoeften niet zo snel welvarend. Dit is het welvaartsbegrip waar het in de economie om draait. Je houdt overigens niet alleen rekening met de materiële behoeften, maar ook met de immateriële behoeften zoals een schoon milieu, de biodiversiteit, vriendschap, etc.

welvaart in enge zin (eng = beperkt) koopkracht van een land, individu, of: de gemiddelde koopkracht in een land. Dit laatste meet men door het reëel nationaal inkomen te nemen en te delen door de bevolkingsomvang. Dit begrip is om praktische reden ingevoerd, dit kan men namelijk uitrekenen. Het reëel nationaal inkomen per hoofd van de bevolking laat buiten beschouwing hoe het nationaal inkomen verdeeld is, wat de informele productie is, e.d. Ook het zwarte circuit valt buiten de berekening. Het reëel nationaal inkomen per hoofd van de bevolking is zodoende een gebrekkige manier om welvaart te meten.

Human Development Index (HDI) maatstaf ontwikkeld door de Verenigde Naties om landen onderling qua ontwikkeling met elkaar te vergelijken. HDI houdt rekening met de levensverwachting van de bevolking, gemiddelde scholing van de volwassenen, de verwachte scholing bij geboorte en het gemiddelde bbp. Dit is een bredere en betere vergelijking van landen dan alleen kijken naar de ontwikkeling van het reële bbp per hoofd van de bevolking. Met behulp van de HDI kun je zien dat landen met een hoog bbp niet altijd hun uitgaven op een zodanige wijze doen dat dit goed is voor het scheppen van een hoge levensverwachting of opleidingsniveau. In 2010 stonden Noorwegen en Australië o.a. bovenaan en Mozambique en Zimbabwe onderaan de lijst.

produceren voortbrengen van producten, combineren van productiefactoren door/in een bedrijf of door de overheid. De waarde van de productie meten we via de methode van de toegevoegde waarde. De productie van een gezinshuishouding tellen we niet mee. In ontwikkelingslanden zal vaak deze niet-geregistreerde productie relatief groot zijn.

collectieve sector publieke sector; onderdeel van de quartaire sector

- **sector overheid**
  - **rijksoverheid** de staat, het rijk
  - **lagere overheden**
    - **provincies** twaalf stuks
    - **gemeenten** ongeveer 450 stuks
- **sector sociale zekerheid** de uitvoeringsorganen, zoals UWV

omzet productiewaarde/verkoopwaarde, totale opbrengst

opgebouwd uit

- **inkoopwaarde** inkoop van onderdelen/halffabricaten/grondstoffen/diensten
- **bruto toegevoegde waarde** de productie van bedrijven

  opgebouwd uit

  - **afschrijvingen** minder waard worden kapitaalgoederen, ‘kosten’ van vaste kapitaalgoederen in een jaar
  - **netto toegevoegde waarde**

    opgebouwd uit

    - **winstsom** netto winst voor belasting (voor eigenaren)
    - **interest- of rentesom** voor geldverstrekkers
    - **loonsom** loonkosten werknemers
    - **pachtsom** voor grondeigenaren
    - **huursom** voor gebouwenbezitters

nationaal inkomen of bruto binnenlands product (bbp) symbool is Y; gelijk aan W

- **berekening**
  - **objectieve methode** som toegevoegde waarde van bedrijven en overheid
  - **subjectieve methode** alle primaire inkomens van personen bij elkaar opgeteld
  - **som van alle finale bestedingen** in symbolen: $(C + I + O + E) - M$
- **waardemaatstaf**
  - **nominaal nationaal inkomen** in lopende prijzen
  - **reëel nationaal inkomen** in constante prijzen; in goederen gemeten, altijd vergeleken met een basisjaar

  formule

$$\frac{\text{nominaal nationaal inkomen}}{\text{prijsindexcijfer}} \times 100$$

nationaal product symbool is W

hoogte bepaald door

- **effectieve vraag (EV)** alle bestedingen; Keynes
  - **consumenten** aankopen door individuen, gezinnen
  - **bedrijven** investeringen
  - **overheid** collectieve en quasi-collectieve goederen
  - **buitenland** exporteren van goederen en diensten
- **productiecapaciteit** maximaal haalbare reële productie

collectieve sector of **publieke sector** verzamelnaam van alle overheidsorganen en de sociale fondsen/uitkeringsinstanties. Naast deze sector kennen we de privé- of particuliere sector. Onder dit laatste verstaan we de producenten (waaronder de overheidsbedrijven!) en consumenten. Dit onderscheid komt ook terug in het publiekrecht en het privaatrecht.

toegevoegde waarde bij bedrijven verschil tussen de verkoopwaarde (= de productiewaarde = de omzet) en de inkoopwaarde (verbruik) van een bedrijf, gemeten over een bepaalde periode. De term geeft aan dat een bedrijf met de inkoop iets doet waardoor de waarde in geld gemeten hoger wordt, m.a.w. de mensen hebben er meer geld voor over. Bv. de winkelier zorgt ervoor dat de producten 'en detail' voor de consument ter beschikking komen. De toegevoegde waarde is gelijk aan de waarde van het in het bedrijf gevormde inkomen. Dit inkomen komt ten goede aan de bezitters van de productiefactoren, de gezinnen dus. De inkoopwaarde is gelijk aan de aankopen bij andere bedrijven, exclusief investeringsgoederen.

toegevoegde waarde overheid som van de totale loonkosten van de ambtenaren (inclusief alle sociale premies en loonbelasting). Dit is een (economische) afspraak.

nationaal inkomen of **bruto binnenlands product (bbp)** som van alle verdiensten van alle huishoudingen van een land in een jaar. Het woord inkomen mag je in de macro-economie vervangen door het woord product. Nationaal product en nationaal inkomen worden beide gemeten aan de hand van de som van alle toegevoegde waarden in een land, d.w.z. de som van alle toegevoegde waarden van de bedrijven plus de toegevoegde waarde van de overheid.

finale bestedingen in een economie hetzelfde als de effectieve vraag. Het zijn alle bestedingen in een land gedurende een jaar die een beroep doen op de productiecapaciteit van een land. Dit zijn alle bestedingen van de consument (C), van de bedrijven (I), van de overheid (O), door het buitenland (E) en daarvan afgetrokken de bestedingen die in het buitenland worden gedaan (M).

effectieve vraag (EV) totale bestedingen in een economie die alle sectoren gezamenlijk willen doen. De effectieve vraag bestaat uit de bestedingen van de gezinnen, de bedrijven, de overheid en het buitenland. Je bekijkt alleen de bestedingen die binnen een land worden gedaan, dus van alle bestedingen moet je aftrekken de bestedingen die in het buitenland worden gedaan (= de import). In symbolen weergegeven: $EV = (C + I + O + E) - M$

nationale bestedingen totaal van de aankopen (bestedingen) van de Nederlandse consument, producent en overheid die in een jaar gedaan worden.

eenvoudig kringloopschema open economie, met overheidssector; alleen geldstromen

schematische weergave

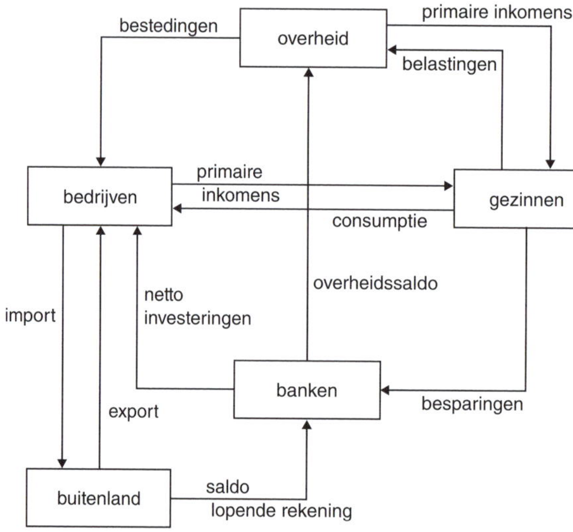

macro-economische definitievergelijkingen

- **Y = C + S + B** nationaal inkomen wordt maar op drie manieren gebruikt
- **W + M = C + I + O + E** middelen (= wat wij zelf produceren plus import) is gelijk aan bestedingen (waar gaan de goederen naar toe)
- **W = Y** beide gelijk aan beloning productiefactoren (toegevoegde waarde)

  invullen en herschikken geeft

  - **(S – I) + (B – O) = (E – M)** nationaal spaarsaldo = saldo buitenland

    betekenissen

    - **S – I** particulier spaarsaldo
    - **B – O** begrotingssaldo overheid
    - **E – M** saldo buitenland

import van Nederland aankopen van materiële en immateriële goederen in het buitenland door ingezetenen van Nederland. Hierdoor ontstaat er een geldstroom van Nederland naar het buitenland. Belangrijke uitgaven zijn o.a. voor energie (olie), vakanties in het buitenland, auto's, etc.

sparen deel van het nationaal inkomen dat niet geconsumeerd wordt of aan belasting wordt betaald. Als macro-economisch begrip is het het symbool S. Dus sparen is: $S = Y - C - B$. Sparen doen bedrijven (ingehouden winst) en mensen als 'appeltje voor de dorst' of voor een bepaald doel. In een land moet gespaard worden, want anders kan er niet geleend worden. Ondernemingen moeten vaak lenen om te kunnen investeren.

grootheid iets dat te berekenen is, dat wil zeggen in getallen kan worden weergegeven. Zo is het nationaal inkomen (symbool Y) een grootheid van de macro-economie.

economische kringloop schematische weergave van de geldstromen in een economie (land). Pijlen geven zo de richting aan van besparingen van gezinnen die naar de financiële instellingen gaan. De bedrijven lenen weer geld bij de financiële instellingen om investeringen te kunnen doen.
Het schema links is zeer eenvoudig omdat o.a.:
- de consumenten, als eigenaren van de productiefactoren van de bedrijven, al het verdiende inkomen krijgen (dus er is geen ingehouden winst)
- de consumenten de enigen zijn die belasting betalen
- er geen sociale premies zijn
- de bedrijven de enige zijn die importeren en exporteren

open economie land dat handel voert met het buitenland. In de praktijk hebben we het over landen die relatief veel met het buitenland handelen, bv. Nederland. Zo heeft Nederland een exportquote, d.w.z. de verhouding tussen de totale exportwaarde en het nationaal inkomen, van ongeveer 50%.

gesloten economie land dat geen handel voert met het buitenland, een autarkie. In de praktijk hebben we het over landen die relatief weinig met het buitenland handelen bv. Noord-Korea. Dit wordt gemeten door te kijken naar het percentage van het nationaal product dat geëxporteerd wordt.

particulier spaarsaldo het verschil tussen het bedrag dat het publiek spaart en het bedrag dat de bedrijven investeren.

nationaal spaarsaldo particulier spaarsaldo plus het saldo van de overheid. Het laatste is het verschil tussen de ontvangsten (= belastingen) en de uitgaven van de overheid. Het particulier spaarsaldo en het overheidssaldo samen is altijd gelijk aan het saldo van de lopende rekening van de betalingsbalans. Het nationaal spaarsaldo is dus ook altijd gelijk aan het saldo van de lopende rekening.

staat van middelen en bestedingen boekhoudkundig overzicht economie

Nederland 2012 (in mld. euro's)

overzicht in tabel

middelen		bestedingen	
nationaal inkomen/bbp (Y)	602	particuliere consumptie (C)	274
import (M)	470	particuliere investeringen (I)	85
		overheidsbestedingen (O)	191
		nationale bestedingen	550
		export (E)	522
totale middelen	1072	totale bestedingen	1072

algemeen overzicht rekeningstelsel per sector

consumenten/gezinnen

inkomsten	uitgaven
Y (= som primaire inkomens)	C
	B
	Saldo = S = Y – C – B

producenten/ondernemingen/bedrijven

inkomsten	uitgaven
C	M
O – ambtenarensalarissen	Y – ambtenarensalarissen = Y – am
I	Saldo = C + O + I + E – M – Y
E	

overheid

inkomsten	uitgaven
B	O
	Saldo = B – O

buitenland

inkomsten	uitgaven
M	E
	Saldo = M – E

financiële instellingen/banken/hulprekening

inkomsten	uitgaven
M – E	I
S	O – B

staat van middelen en bestedingen een overzicht, met aan de ene kant de manier waarop een economie aan zijn producten komt, namelijk door zelf te produceren (nationaal product) plus producten uit het buitenland (import), en aan de andere kant waar de producten naar toe gaan (wie ze koopt). Per definitie aan elkaar gelijk, want een product komt altijd bij iemand terecht. Onverkochte producten van bedrijven worden tot de (gedwongen!) investeringen gerekend. Het CBS meet dit over een jaar.

nationale rekeningen vormen de officiële overzichtsstatistieken van de nationale economie samengesteld door het CBS. Het nationaal inkomen, de economische groei, het tekort of overschot van de overheid en de werkgelegenheid zijn voorbeelden van belangrijke gegevens uit deze publicatie.

inkomen

drie benaderingen

- **economisch**
  - **nominaal inkomen** in geld uitgedrukt
  - **reëel inkomen** koopkracht; nominaal gecorrigeerd voor prijsveranderingen
- **politiek** rekening houdend met overheidsingrijpen (belastingen, subsidies)
  - **primair inkomen** zonder ingrijpen van de overheid; wilp/h
    - **winstinkomen** dividenduitkering aan aandeelhouders
    - **interestinkomen** rente op obligaties, spaarrekeningen
    - **looninkomen** betaling aan de werknemer
    - **pacht/huur** huur van een huis betalen aan huiseigenaar
  - **secundair inkomen** besteedbaar inkomen
- **statistisch**
  - **modaal inkomen** meest voorkomende inkomen
  - **gemiddeld inkomen** totaal verdiende inkomen gedeeld door aantal personen

loonkosten

arbeidskosten van werknemers

- **sociale premies voor rekening werkgever** komt bovenop brutoloon
- **brutoloon**
  - **loonheffing**
    - **sociale premies voor rekening werknemer**
    - **loonbelasting**
  - **nettoloon** wat de werknemer uiteindelijk overhoudt

wig

verschil loonkosten en nettoloon

- **sociale premies**
  - **werkgeversaandeel**
  - **werknemersaandeel**
- **loonbelasting**

gevolgen vergroting wig

- **afwentelen** kans op loonprijsspiraal

  werking

  - **looneisen** mensen willen hun nettoloon/koopkracht gelijk houden
  - **prijsstijging** als loonkosten hoger zijn $\Rightarrow$ doorberekening in de prijzen
- **toename zwartwerken** ontduiken kan veel belasting en premie uitsparen
- **uitstoot arbeid** mensen worden duurder, machines relatief goedkoper

nominaal of **tegen lopende prijzen** de geldwaarde van het moment of het huidige geldbedrag. Bv. het nominale inkomen of inkomen in lopende prijzen: de hoeveelheid euro's die men nu verdient. De nominale waarde van een obligatie is het waardebedrag dat op de obligatie gedrukt staat.

reëel of **in constante prijzen** meet altijd iets in goederenhoeveelheden, zoals de koopkracht. Het reële inkomen geeft zodoende aan hoeveel goederen men kan kopen. Meestal wordt er vergeleken met een basisjaar: men kan met zijn inkomen meer of minder goederen kopen dan in een basisjaar. De reële omzet is hetzelfde als de afzet. Met 'constante prijzen' bedoelt men dat men de prijzen gelijk houdt, m.a.w. men corrigeert voor de prijsveranderingen die zijn opgetreden sinds het basisjaar.

primair inkomen inkomen verdiend met werken plus inkomen uit bezit. Het gaat hier om winstinkomen (waaronder dividend), interestinkomen, looninkomen, pacht-/huurinkomen (makkelijk te onthouden als: wilp/h).

secundair inkomen of **besteedbaar inkomen** primair inkomen gecorrigeerd voor inkomensoverdrachten aan de overheid gedaan of van de overheid gekregen. Je trekt van het primaire inkomen de inkomstenbelasting en sociale premies af en telt er de sociale uitkeringen (bv. AOW) bij op. Je moet het besteedbare inkomen niet verwarren met het netto-inkomen. Het verschil zit 'm in de ontvangen sociale uitkeringen.

modaal inkomen een statistisch begrip. Het modale inkomen is het meest voorkomende inkomen. Het CPB berekent dit. Het is 79% van het gemiddelde inkomen per arbeidsjaar. In 2017 is dit € 37.000 (per maand € 2846 bruto).

brutoloon totaal verkregen loon, inclusief loonbelasting en sociale premies. Als de loonbelasting en sociale premies er af zijn, houd je het nettoloon over. De werkgever moet overigens bovenop het brutoloon nog sociale premies betalen voor zijn werknemer.

loonheffing voorheffing op de inkomstenheffing. Het is een bedrag aan premies voor sociale verzekeringen en inkomstenbelasting dat de werkgever verplicht is van het loon van zijn werknemer in te houden en over te dragen aan de belastingdienst. Later wordt dit verrekend met de inkomstenbelasting die je moet betalen.

wig verschil tussen de totale loonkosten van een persoon en zijn nettoloon. In Nederland draagt de werkgever gemiddeld 41% van de loonkosten voor zijn werknemer aan de fiscus af. De hoge wig in Nederland maakt arbeid voor de werkgever duur, terwijl de werknemer alleen kijkt naar de hoogte van zijn nettoloon.

inkomensverschillen tussen mensen

veroorzaakt door

- **productiviteitsverschillen** hoe productiever, hoe winstgevender voor de werkgever
- **inspanningsverschillen** de een werkt in deeltijd, de ander in voltijd
- **scholingsverschillen** betere scholing maakt productiever
- **ervaringsverschillen** hoe meer ervaring, hoe productiever iemand is
- **schaarsteverschillen** veel vraag en weinig aanbod maakt arbeid duur
- **machtsverschillen** politieke macht kan soms iets afdwingen
- **vermogensverschillen** 'geld maakt geld'

gevolgen

- **prestatieprikkel** meer werken of leren verhoogt het inkomen
- **mobiliteitsprikkel** mensen verhuizen naar waar men het meeste kan verdienen
- **sociale onrechtvaardigheid** kan je niet studeren, dan ook geen hoog inkomen
- **migratie** instroom vanuit landen waar het economisch slecht is

belastingheffing in Nederland geïnd door de fiscus

uitgangspunten

- **draagkrachtprincipe** sterkste schouders hebben de zwaarste lasten
- **profijtbeginsel** motorrijtuigenbelasting

collectieve lastendruk

opgebouwd uit

- **belastingdruk** belastingontvangsten als deel van het nationaal inkomen
- **sociale premiedruk** sociale premieontvangsten als deel van het nationaal inkomen
- **niet-belastingdruk** aantal niet-belastingontvangsten als deel van het nationaal inkomen, bv. een deel van de aardgasopbrengsten

mogelijke gevolgen van een hoge lastendruk

- **verslechtering concurrentiepositie** door afwenteling kans op een loonprijsspiraal
- **afname afzet** hogere prijzen geeft vermindering van de vraag
- **vermindering productie** minder inkomen ⇒ minder vraag ⇒ minder productie
- **vermindering particuliere inkomen** bedrijven en personen moeten veel afdragen
- **vermindering werkgelegenheid** minder koopkracht ⇒ minder productie ⇒ minder arbeid nodig

(inkomsten-)belastingsystemen

soorten

- **progressieve belastingen** hoger percentage als inkomen hoger is; marginaal hoger dan gemiddeld tarief
- **proportionele belastingen** gelijk percentage bij ieder inkomen; marginaal gelijk aan gemiddeld tarief
- **degressieve belastingen** lager percentage bij hoger inkomen; marginaal kleiner dan gemiddeld tarief

fiscus 'de staat als belastingheffer', de belastingdienst. Een afgeleid woord hiervan is fiscaal (fiscaal recht = belastingrecht). Fiscaliseren wil zeggen dat zaken die voorheen uit sociale premies werden betaald, nu vanuit de belastingen worden betaald. Vanaf 1989 gebeurt dit met de kinderbijslag en in toenemende mate met de AOW.

draagkrachtprincipe de overheid houdt rekening met de hoogte van iemands inkomen en zijn persoonlijke omstandigheden als er (inkomens-)belasting wordt opgelegd. Dit principe ligt ook o.a. ten grondslag aan de progressieve belastingen.

profijtbeginsel mensen laten betalen als ze aanwijsbaar gebruikmaken (= profiteren) van overheidsvoorzieningen. Zo krijgen automobilisten te maken met de motorrijtuigenbelasting (= wegenbelasting), studenten betalen school- of collegegeld.

collectieve lastendruk geeft in procenten aan welk deel van het nationaal inkomen naar de overheidssector gaat, dus: de totale belastingen, sociale premies en niet-belastingmiddelen gedeeld door het nationaal inkomen. Actuele cijfers kan je vinden op www.cbs.nl.

afwenteling iemand anders laten betalen wat je eigenlijk zelf moet betalen. Bv. hogere inkomstenbelasting zorgt voor minder besteedbaar loon. Vakbonden stellen dan looneisen en als hierdoor de lonen hoger worden, betalen in feite de bedrijven de belastingverhoging.

inkomstenbelasting gedwongen afdracht over je genoten inkomen aan de overheid. Hier kan je geen individuele tegenprestatie van de overheid voor eisen. De verschuldigde inkomstenbelasting en de sociale premies volksverzekering worden met de betaalde loonheffing (= direct van je loon ingehouden belasting en sociale premies) verrekend.

progressieve belastingen als het inkomen hoger wordt, betaalt men procentueel meer belasting. De btw in Nederland werkt ook enigszins progressief vanwege het bestaan van een verlaagd (6%: voedingsmiddelen) en een normaal tarief (21%). Lage inkomens kopen namelijk relatief veel producten met een verlaagd tarief.

proportionele belastingen als het inkomen hoger wordt, betaalt men procentueel evenveel belasting. Naarmate het inkomen hoger is, betaal je dan wel meer euro's.

degressieve belastingen als het inkomen hoger wordt, betaalt men procentueel minder belasting. Een hoger inkomen kan best meer euro's belasting betalen, maar kan in procenten lager zijn. Hogere inkomenstrekkers in Nederland hebben vaak relatief meer aftrekposten, waardoor dan feitelijk ons inkomstenbelastingstelsel degressief gaat werken.

inkomensverdeling van het nationaal inkomen

- **personele inkomensverdeling** inkomen verdeeld over personen of huishoudens
    - **primaire inkomensverdeling** zoals uit het productieproces tevoorschijn komt
    - **secundaire inkomensverdeling** na correctie primaire verdeling door de overheid
- **categoriale inkomensverdeling** het inkomen verdeeld over de categorieën wilp/h
    - **arbeidsinkomen** dit is inclusief belasting en sociale lasten
    - **overig** of **vermogensinkomen** ook weer inclusief winst- of inkomstenbelasting
        - **winstinkomen**
        - **interestinkomen**
        - **pacht-/huurinkomen**

inkomensquoten afgeleid uit de categoriale inkomensverdeling

soorten

- **vermogensinkomensquote/overige inkomensquote** =

$$\frac{\text{totale winst-, rente-, pacht- en huurinkomen}}{\text{nationaal inkomen}}$$

- **arbeidsinkomensquote** $= \frac{\text{totaal arbeidsinkomen verdiend in een jaar}}{\text{nationaal inkomen}}$

    als deze te hoog is

    - **verslechtering investeringsklimaat** bedrijven wijken uit naar lagelonenlanden

        gevolgen

        - **afname afzet**
        - **afname productie**
        - **afname nationaal inkomen**
        - **afname werkgelegenheid**

gemiddeld belastingtarief of **gemiddelde belastingdruk** percentage per verdiende euro afdracht aan de fiscus. Je berekent dat door de totale inkomstenbelastingafdracht aan de fiscus te delen door het belastbare inkomen. Je kan op dezelfde wijze natuurlijk ook het gemiddelde sociale premietarief berekenen.

marginaal belastingtarief ook wel marginale belastingdruk genoemd, is het percentage dat je betaalt over je extra verdiende inkomen. Het marginale tarief is gelijk aan het percentage van jouw hoogste schijf. Is je hoogste schijf 42% dan betekent € 1000 meer verdienen € 420 extra belasting betalen. Andersom zie je hoeveel belastingvoordeel een aftrekpost geeft.

primaire personele inkomensverdeling verdeling van het totale nationaal inkomen over de inkomenstrekkers (personen met een inkomen) of over gezinnen (huishoudens) van een land. Deze verdeling geeft meestal een grote mate van ongelijkheid aan.

secundaire personele inkomensverdeling verdeling van het secundaire nationaal inkomen over personen in een land. Door met name de progressieve inkomstenbelasting en de sociale uitkeringen als AOW is deze minder scheef dan de primaire verdeling.

categoriale inkomensverdeling primaire nationaal inkomen verdeeld over de categorieën winst, interest, loon en pacht/huur. Hieruit kunnen verschillende quoten berekend worden, bv. de winstquote.

quote letterlijk deling. Een macro-economische quote bekijkt altijd iets ten opzichte van het nationaal inkomen (je deelt dan door het nationaal inkomen). Je moet quote goed onderscheiden van quota. Dit laatste betekent: hoeveelheid. Zo kennen we de importquote en de importquota.

arbeidsinkomensquote deel van het nationaal inkomen dat naar de productiefactor arbeid gaat. Je moet niet alleen kijken naar de werknemers (loon) maar ook naar de werkende zelfstandigen (toegerekend loon zelfstandigen). Als de arbeidsinkomensquote erg hoog is, blijft er weinig over voor de andere inkomens (winst e.d.). Dit kan tot gevolg hebben dat de eigenaren van bedrijven het investeringsklimaat slecht vinden. Zij gaan dan liever investeren in het buitenland, met alle negatieve gevolgen voor de Nederlandse economie.

toegerekend loon zelfstandigen bedrag dat een niet-werknemer voor zijn arbeid zou moeten verdienen. Zo wordt statistisch (CBS) het 'loon' van een zelfstandige gelijkgesteld aan het gemiddelde loon van een werknemer. Je moet denken aan artsen, makelaars en anderen die voor eigen rekening en risico werken.

Lorenzcurve betreft altijd een verdeling over personen, huishoudens of vermogens

- **grafische weergave**

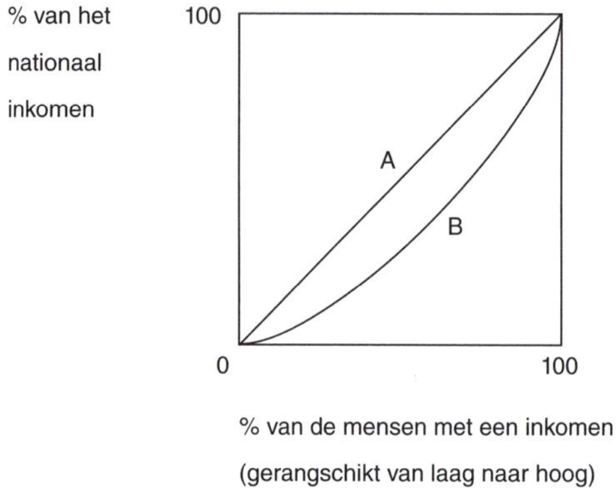

lijn A: iedereen hetzelfde inkomen

lijn B: ongelijkheid van inkomen

interpretatie

- **nivelleren** Lorenzcurve (B) beweegt naar lijn A

  veroorzaakt door

  - **progressieve belastingen** hoge inkomens betalen relatief veel
  - **sociale uitkeringen** met name de AOW

- **denivelleren** Lorenzcurve (B) verder van lijn A af

  veroorzaakt door

  - **degressieve belastingen/premies** hoge inkomens betalen relatief weinig
  - **aftrekposten** relatief voordeel voor hoge inkomens
  - **subsidies** onderwijssubsidies; subsidies op cultureel gebied

inkomensherverdeling nivelleren/denivelleren

gevolgen voor

- **hoogte bestedingen** hogere inkomens sparen relatief meer
- **samenstelling productie** bestedingspatroon lager inkomen anders dan hoger inkomen
- **mobiliteit arbeidsmarkt** grotere inkomensverschillen zorgen voor mobiliteit
- **participatiegraad** $= \frac{\text{beroepsbevolking}}{\text{beroepsgeschikte bevolking}} \times 100\%$;

  hogere netto-inkomens stimuleren deelname aan productieproces

Lorenzcurve geeft de scheefheid van de verdeling van de personele inkomens in een grafiek weer. Hiertoe wordt het percentage mensen met een inkomen, gerangschikt van laag naar hoog op de x-as. Het percentage van het totale inkomen staat op de y-as weergeven. Men kan overigens ook een Lorenzcurve van de inkomens van huishoudens of van een vermogensverdeling maken.

nivelleren gelijker maken. Het nivelleren van inkomens betekent dat de verhouding hoge/lage inkomens kleiner wordt. We kijken dus niet naar de absolute afstand tussen de inkomens, maar naar de relatieve afstand: de verhouding.

sociale uitkeringen (meestal) geld dat iemand krijgt van de overheid bij verlies of vermindering van inkomen of als bijdrage bij bepaalde hoge kosten (ziekte). Deze uitkeringen zorgen niet alleen dat de secundaire inkomensverdeling in ons land minder scheef is dan de primaire inkomensverdeling, maar ook voor stabilisatie van de economie. Doordat mensen die hun inkomen verliezen een uitkering krijgen, zakt de effectieve vraag minder in dan in het geval er geen uitkeringen zouden bestaan. De uitkeringen vormen zodoende een soort vangnet voor de effectieve vraag.

denivelleren omgekeerde van nivelleren. De verhouding hoge/lage inkomens stijgt dan. Er wordt in Nederland geregeld studie gedaan door o.a. het Sociaal Cultureel Planbureau naar de effecten van het overheidsbeleid op de inkomensverdeling.

beroepsgeschikte bevolking iedereen tussen de 15 en 65/67 jaar. Dus iedereen tussen de hoogste leerplichtige leeftijd en de AOW-leeftijd.

participatiegraad of **deelnemingspercentage** deel van de bevolking tussen de 15 en 65/67, dat bereid en in staat is om betaald werk te doen. Nog steeds geldt voor vrouwen in Nederland een lagere participatiegraad dan voor mannen. De kinderopvang heeft de participatiegraad van vrouwen wel verhoogd. Hoe meer mensen in de WIA, VUT e.d. hoe lager het deelnemingspercentage wordt.
N.B. Dus als de werkloosheid toe- of afneemt heeft dat geen invloed op de participatiegraad.

inkomen belast in boxen

- **box 1** inkomen uit arbeid en eigen huis; 'schijvensysteem'
- **box 2** inkomen uit eigen bedrijf
- **box 3** inkomen uit vermogen

berekening sociale premies volksverzekering en inkomstenbelasting box 1

stappen

- **stap 1**: vaststellen van totale inkomen: bestaat uit arbeidsinkomen en inkomen eigen huis (eigenwoningforfait)
- **stap 2**: bepaling van aftrekposten: o.a. hypotheekrente en giften
- **stap 3**: vaststellen van belastbaar inkomen: totale inkomen – aftrekposten. Dit is de heffingsgrondslag voor de fiscus
- **stap 4**: schijvensysteem toepassen op het belastbaar inkomen

  maximaal 4 schijven (situatie 2017; jonger dan 65 jaar en 9 maanden)
  - **eerste schijf** € 0 tot € 19.982; tarief 36,55%, inclusief premies volksverzekering
  - **tweede schijf** € 19.982 tot € 33.791; tarief 40,8%, inclusief premies volksverzekering
  - **derde schijf** € 33.791 tot € 67.072; tarief 40,8%, alleen belasting
  - **vierde schijf** € 67.072 of meer; tarief 52%, alleen belasting
- **stap 5**: heffingskortingen toepassen: berekende belastingen en sociale premies verminderen met heffingskortingen, zoals een algemene korting en een arbeidskorting; leidt tot bepaling van:
- **stap 6**: inkomensheffing: dit is het werkelijke bedrag dat je aan de fiscus moet afdragen

inkomstenbelasting box 3

stappen

- **stap 1**: vaststellen van de waarde van het vermogen op 1 januari = bezittingen – schulden. Denk aan spaargelden, onroerend goed (niet je eigen woning), aandelenbezit, etc. Schulden (geen hypotheek eigen woning) mogen hiervan afgetrokken worden.
- **stap 2**: indeling berekende waarde vermogen
  - **heffingsvrijstelling** vastgesteld bedrag: hierover geen belasting betalen; in 2017 € 25.000 voor alleenstaande
  - **bepalen fictief rendement belastbaar vermogen** aan de hand van een schijvensysteem.

    Schijf 1: € 0 tot 50.000. Rendement: 1,63% over 67% en 5,39% over 33%.

    Schijf 2: 50.000 tot 950.000. Rendement: 1.63% over 21% en 5,39% over 79%.

    Schijf 3: vanaf 950.000. Rendement: 5,39%.
  - **belastingbedrag bepalen:** 30% van het fictieve rendement.

eigenwoningforfait (forfait betekent: vast bedrag) bedrag dat je bij je inkomen in box 1 moet optellen als je in een eigen woning woont. Het woningforfait is gerelateerd aan de waarde van de woning. Dit bedrag is in feite een vorm van inkomen uit bezit. Deze waarde wordt bepaald door de gemeente en vormt ook de grondslag voor de OZB (onroerendezaak-belasting).

aftrekposten bedragen die je volgens de wet van je totale inkomen van box 1 mag aftrekken, voordat de fiscus gaat uitrekenen hoeveel inkomstenbelasting en sociale premies je moet betalen in box 1. Voorbeelden zijn de betaalde hypotheekrente, giften, reis- en studiekosten.

heffingsgrondslag bedrag waarover een heffing (belasting) betaald moet worden. Zo is de heffing van de vennootschapsbelasting niet over de brutowinst, maar over de brutowinst minus afschrijvingen. Iedere te betalen belasting of sociale premie kent een heffingsgrondslag. Zo is de heffingsgrondslag voor de onroerend zaakbelasting (ozb) de waarde van een onroerend goed. Voor de inkomstenbelasting is dat het totale inkomen minus de aftrekposten.

heffingskorting bedrag dat je af mag trekken van het berekende bedrag aan sociale premies en belastingen. Zodoende betaal je dus uiteindelijk minder aan de overheid. Niet iedereen heeft dezelfde heffingskortingen. Dit is afhankelijk van de persoonlijke situatie.

arbeidskorting heffingskorting die je alleen mag aftrekken van de verschuldigde inkomsten-belasting en sociale premies als je een betaalde baan hebt. Hierdoor houdt een werkende netto meer over. Het netto inkomensverschil tussen werkenden en uitkeringsgerechtigden wordt zodoende vergroot. Hierdoor maakt de overheid betaald werk verrichten aantrekkelijker.

fictief rendement een aangenomen opbrengst. Omdat renteopbrengsten en dividenden jaar in jaar uit verschillen, heeft de fiscus, om het zich makkelijk te maken, zelf een rendement vastgesteld ten behoeve van box 3. Het ene jaar heb je daar misschien voordeel van als bv. de rente hoger is dan het vastgestelde rendement, het andere jaar nadeel. Vanaf 2017 rekent de fiscus het fictieve rendement uit met behulp van een schijvensysteem. Over dit fictieve rendement betaalt men 30% belasting.

productiecapaciteit maximale productie

bepaald door

- **hoeveelheid productiefactoren** kapitaal, arbeid, natuur, ondernemerscapaciteit
- **productiviteit van de productiefactoren** hoe modern zijn de machines; scholingsgraad
- **organisatie** ondernemers en managementkwaliteiten, arbeidsverdeling

structurele ontwikkeling/verandering veroorzaakt door

- **technologische ontwikkeling/innovatie** procesinnovatie, productinnovatie

  mogelijkheden

  - **arbeidsbesparende ontwikkeling** diepte-investeringen
  - **milieubesparende ontwikkeling** windmolens
  - **kapitaalbesparende ontwikkeling** elektronica
- **investeringen** capaciteitseffect van de investeringen
  - **breedte-investeringen** meer 'dezelfde' machines er bij
  - **diepte-investeringen** vervanging van menskracht door machines
- **verandering ingezette arbeid**

  zoals

  - **hoeveelheid arbeid** hoeveelheid arbeidsuren

    veroorzaakt door

    - **autonome groei beroepsbevolking** schoolverlaters, verhoging pensioenleeftijd
    - **migratie** instroom vanuit het buitenland
    - **participatiegraad** emancipatie, werktijd
  - **kwaliteit van arbeid**

    veroorzaakt door

    - **onderwijs** opleidingsniveau beroepsbevolking
    - **ervaring** sneller, nauwkeuriger werken
  - **mate van arbeidsverdeling** slimme specialisatie vergroot productiemogelijkheid

productiefactor alle middelen die gebruikt worden bij het produceren. Naast kapitaal, arbeid en natuur, wordt ook wel ondernemerscapaciteit onderscheiden.

productiecapaciteit maximale hoeveelheid goederen en diensten die een bedrijf of een land per tijdseenheid (meestal een jaar) kan voortbrengen. Vrijwel altijd is de productie lager dan de productiecapaciteit. Men heeft dikwijls te maken met een te kleine vraag of het gegeven dat de productiefactoren niet volledig inzetbaar zijn: zieke werknemers, onderhoud machines, e.d. We zien natuurlijk dat op de lange termijn de productiecapaciteit kan groeien of krimpen.

technologische ontwikkeling door toepassing van (nieuwe) kennis een goed of dienst produceren met minder gebruikmaking van productiefactoren.

innovatie betekent letterlijk vernieuwing. In de economie spreken we van innovatie als er een nieuw product op de markt komt (= productinnovatie), of als een productieproces anders georganiseerd wordt (= procesinnovatie). Productinnovatie kan uiteenlopen van een 'oud' product in een nieuw jasje (design) tot een compleet nieuw product. Een oud voorbeeld van procesinnovatie is de invoering van het zelfbedieningssysteem in winkels. Een modern voorbeeld is de robotisering van een autofabriek.

productiefactoren
kwaliteit en hoeveelheid bepalen de productiecapaciteit

- **natuur** beloning: pacht
- **arbeid**
  - **werknemers** beloning: loon, salaris
  - **ondernemers/zelfstandigen** beloning: toegerekend ondernemersloon, honorarium, winst
- **kapitaal** kapitaalgoederen; beloning: rente, huur, winst
- **ondernemingscapaciteit** economische risico's durven nemen; beloning: winst

schema

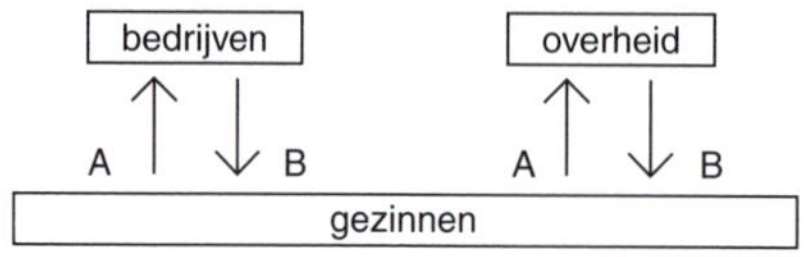

A = ter beschikking stellen van productiefactoren

B = beloning voor het ter beschikking stellen van productiefactoren

natuur

bestaat uit

- **natuurlijke hulpbronnen** aardgas in Nederland, vruchtbare grond
- **het klimaat** veel regen in Nederland
- **het aanwezige plantaardige en dierlijke leven**
- **ligging** Rotterdam als natuurlijke haven

verandering van de productiviteit veroorzaakt door

- **uitputting natuurlijke hulpbronnen** ongeremd kappen bossen
- **milieuvervuiling** overbemesting grond

overheidsbeleid

- **duurzame ontwikkeling stimuleren** groei niet ten koste van milieu

kapitaal

- **abstract kapitaal** geld/vermogen
- **concreet kapitaal** kapitaalgoederen
  - **vast kapitaal** machines, gebouwen, gereedschap
  - **vlottend kapitaal** voorraden van eindproducten

vaste kapitaalgoederenvoorraad van een land

bestaat uit

- **woningen**
- **gebouwen van bedrijven en overheid**
- **vervoermiddelen** vrachtauto, vliegtuig en vrachtboot
- **grond-, weg- en waterbouwkundige werken** de infrastructuur
- **grootte van de veestapel**
- **machines en overige uitrustingsstukken**

natuur alles dat vanzelf aanwezig is in een economie. Het is een oorspronkelijke productiefactor d.w.z. het wordt niet geproduceerd, bv. delfstoffen in de grond.
N.B. Kolen of ijzererts uit de grond gehaald is een vlottend kapitaalgoed.

arbeid werkkracht van de mens, ook een oorspronkelijke productiefactor. De werkkracht wordt in de praktijk door vele zaken bepaald, bv. scholing en motivatie.

kapitaal(goed) ieder goed in handen van een producent. Het is een afgeleide productiefactor d.w.z. kapitaal moet ook geproduceerd worden.

vast kapitaal of **vaste kapitaalgoederen** goederen in handen van een producent, welke meerdere keren meegaan in het productieproces. Ze verslijten langzaam en kunnen vaak heel lang meegaan, zoals machines en gereedschap.

vlottend kapitaal of **vlottende kapitaalgoederen** goederen in handen van een producent, welke verbruikt worden in het productieproces, zoals ijzererts voor de hoogovens. Ook voorraden eindproducten behoren tot de vlottende kapitaalgoederen.

ondernemingscapaciteit of **ondernemerscapaciteit** omvat het talent om productieprocessen te organiseren, nieuwe producten te (laten) ontwikkelen, e.d. Een ondernemer neemt risico. Met een ondernemer bedoelen we iets anders dan een manager (= bedrijfsleider). Sommige mensen zijn zowel goede ondernemers als goede managers.

groei

- **economische groei** toename welvaart in ruime zin: toename behoeftebevrediging
- **productiegroei** toename welvaart in enge zin: toename reëel nationaal inkomen/product

  als gevolg van toename

  - **totale bestedingen** de vraagzijde, verandering veroorzaakt een multiplierproces
  - **productiecapaciteit** de aanbodzijde

grenzen bepaald door o.a.

- **fysieke ruimte** op een gegeven moment is een gebied vol
- **milieu** vernietiging van milieu is vernietiging van de productiefactor natuur
- **energie** fossiele brandstoffen raken uiteindelijk op
- **grondstoffen** voorraden zijn eindig

groene groei bbp

groei bbp houdt o.a. rekening met de effecten op

- **klimaat** opwarming van de aarde, CO_2-probleem
- **verzuring oceaan** uitsterven vissen of vissoorten
- **omvang agrarisch landgebruik** aantasting natuurgebieden
- **biodiversiteit** verscheidenheid flora en fauna
- **atmosferische ozon** aantasting ozonlaag, freongassen
- **chemische verontreiniging van de aarde** levensduur plastics, overmatig kunstmestgebruik
- **mondiale zoetwatergebruik** zoet water is een levensvoorwaarde

instrumenten o.a. om dit bereiken

- **prijsbeleid** externe effecten verwerken in prijzen, emissierechten
- **productieverboden** koelkasten met freongas
- **subsidies** op zonnepanelen, of op milieuvriendelijk beheer door boeren
- **voorlichting** wijzen op mogelijkheden milieuvriendelijk gedrag bij kopers
- **stimuleren innovatie** auto's moeten steeds zuiniger motoren krijgen

beperkingen van nationale overheden bij stimulering

- **stabiel en evenwichtig macro-economisch beleid** overheid moet voorspelbaar zijn
- **voldoende concurrentie** concurrentie bevordert groei
- **internationale positie** openstaan voor internationale handel en investeringen
- **toegankelijkheid innovatieve bedrijven tot de financiële markten** crowdfunding niet altijd mogelijk

multiplierproces een toename van de bestedingen heeft een sneeuwbaleffect tot gevolg. Bv. als bedrijven meer machines kopen (= investeren), stijgt de totale vraag in een economie en produceert men meer (bedrijven die machines maken, hebben meer te doen). Hiervoor zijn mensen nodig. Werkloze mensen kunnen aan de slag en krijgen loon. Het nationaal inkomen stijgt. Een deel van het extra gevormde inkomen besteedt men aan consumptie. De bedrijven die deze goederen produceren, zetten weer meer mensen aan het werk, etc. In symbolen kan je dit proces op de volgende manier weergeven:
$I\uparrow \Rightarrow EV\uparrow \Rightarrow W\uparrow = Y\uparrow \Rightarrow C\uparrow \Rightarrow EV\uparrow \Rightarrow W\uparrow = Y\uparrow \Rightarrow C\uparrow$ etcetera.
Het effect zal wel steeds kleiner worden.
N.B. Betekenis van de symbolen: I = investeringen; EV = effectieve vraag; W = nationaal product; Y = nationaal inkomen; C = consumptieve bestedingen.

groene groei bbp toename van bbp waarbij rekening wordt gehouden met de instandhouding van de natuurlijke hulpbronnen en de milieudiensten die de omgeving de mensheid biedt. Zo moet rekening gehouden worden met, of grenzen gesteld worden aan, de klimaatverandering, verzuring van de oceanen, de omvang van het agrarische landgebruik, het verlies van biodiversiteit, de aerosolen in de atmosfeer en de chemische verontreiniging van de aarde. Zo kan er minder CO_2 in de atmosfeer komen en het klimaat verbeteren door kolencentrales te sluiten en over te gaan op zonne-energie (zonnepanelen). Dit hoeft de welvaart in enge zin niet aan te tasten, maar verbetert in ieder geval de welvaart in ruime zin.

emissierechten of **uitstootrechten** recht om een zekere hoeveelheid afvalstof te mogen uitstoten of lozen. Zo hebben bedrijven die CO_2 uitstoten in de EU emissierechten gekregen. CO_2 zorgt voor opwarming van ons klimaat. Deze rechten worden langzamerhand afgebouwd (verminderd), zodat de CO_2-uitstoot in de lucht afneemt. Als een bedrijf meer rechten heeft dan het uitstoot, kan hij deze overtollige rechten verkopen aan andere bedrijven die te weinig emissierechten hebben (dus die meer uitstoten dan mag).

crowdfunding via internet proberen geld bij elkaar te krijgen voor het financieren van een project of een bedrijf. Banken en andere financiële instellingen worden zodoende omzeild. Het benodigde geld wordt vaak door veel mensen bijeen gebracht, vandaar de naam crowd, d.w.z. (mensen-)menigte. De mensen krijgen in principe hun geld terug met rente. Ondernemers gebruiken deze methode omdat ze denken goedkoper uit te zijn dan bij de banken en/of zij kunnen geen geld van banken krijgen vanwege het (te) hoge risico.

Nederlandse economie onderdeel van de globalisering

karakteristieken

- **open economie** hoge importquote en exportquote
- **erg gevoelig voor internationale conjunctuur** gevolg van een open economie

sterke punten

- **agrarische sector** tuinbouw (Westland)
- **veeteelt** koeien en varkens
- **chemische industrie** DSM, AKZO-Nobel
- **aardgas**
- **kennisintensieve productie** ingenieursbureaus
- **diensten** transport, havens

zwakke punten

- **energiearm** veel olie- en kolenimport
- **weinig industriële productie** auto's, computers, tv's

ontwikkelingsland derdewereldland

hoofdkenmerk

- **laag reëel inkomen per hoofd** overigens gebrekkige maatstaf voor welvaart

plus meerdere van de volgende kenmerken

- **primaire sector overheerst** ruwe grondstoffen en landbouw
- **grote werkloosheid** structureel en verborgen
- **grote buitenlandse schuld** leidt snel tot betalingsbalanstekorten
- **grote inkomensverschillen** groot verschil rijk en arm
- **sterke bevolkingsgroei** kinderen zijn 'oudedagsvoorziening'
- **veel analfabetisme** lage arbeidsproductiviteit
- **gebrekkige infrastructuur** gebrekkige communicatieverbindingen
- **geringe technische kennis** arbeidsintensieve productie overheerst

problemen om tot economische groei te komen

- **interne oorzaken** binnenlandse factoren

  een of enkele van de navolgende

  - **tekort natuurlijke hulpbronnen** gebrek aan olie bv. of het niet kunnen exploiteren
  - **tekort kwalitatief menselijk kapitaal** onvoldoende gekwalificeerde mensen
  - **tekort kapitaalgoederen/investering**

    gevolg van

    - **geringe besparingen** gebrek aan geld
    - **beperkte afzetmogelijkheden** ontbreken koopkrachtige vraag
    - **politiek en economisch klimaat** instabiliteit, slecht en/of corrupt bestuur
- **externe oorzaken** buitenlandse factoren

  een of enkele van de navolgende

  - **protectie** hoge invoerrechten bij rijke landen
  - **afhankelijk van financiële hulp** aantasting eigen initiatief en corruptie
  - **investeringen door buitenland** beconcurreren de binnenlandse bedrijven
  - **buitenlandse schuld** veel rente en aflossing verdringt noodzakelijke import
  - **technische hulp buitenland** te vaak te kapitaalintensief georiënteerd

globalisering (globe = wereldbol) verminderen van economische grenzen of barrières op onze wereldbol. Hier profiteren natuurlijk in eerste instantie de multinationals van. Dit betekent ook voor een land als Nederland dat Nederlandse bedrijven steeds meer internationaal moeten concurreren. Dit geeft kansen voor de Nederlandse bedrijven, maar ook bedreigingen. Zo moet ieder land zoeken naar zijn sterke economische punten. Nederland moet dan gebruikmaken van de hoge scholingsgraad van zijn bevolking en zijn innovatieve kracht.

vrije internationale handel kan wereldwelvaart vergroten

- **voordelen** motieven voor vrijhandel
  - **efficiënt produceren** men produceert in het meest goedkope land ⇒ vergroting wereldwelvaart
  - **vergroting beschikbaarheid goederen** Nederland wil graag tropische producten
- **nadelen** motieven voor protectie
  - **werkloosheid** kan gevolg zijn van sterke internationale concurrentie of verplaatsing productie (lagelonenlanden)
  - **afhankelijkheid** Nederland kan niet functioneren zonder buitenlandse producten zoals olie
  - **problemen voor nieuwe bedrijven** sterke internationale concurrentie maakt het moeilijk voor startende bedrijven om marktaandeel te veroveren
  - **gevaar oneerlijke concurrentie** overheidssteun in buitenland, dumping

vrijhandel de situatie waarin regeringen geen belemmeringen opwerpen voor de in- en uitvoer van goederen en diensten. De regeringen zorgen er dan voor dat in de internationale concurrentiestrijd de binnenlandse bedrijven niet bevoordeeld, en de buitenlandse bedrijven niet benadeeld worden.

protectie betekent letterlijk: bescherming. Protectie is het tegenovergestelde van vrijhandel. Regeringen bevoordelen in deze situatie de binnenlandse bedrijven in de internationale concurrentiestrijd. Zij kunnen dit bijvoorbeeld doen door hoge invoertarieven vast te stellen of door binnenlandse bedrijven subsidies te verstrekken.

dumping vindt plaats als producten verkocht worden onder de kostprijs (gemiddelde totale kosten). Op deze manier kan een bedrijf of land andere wegconcurreren. Dit is economisch een oneerlijke vorm van concurreren. Als de concurrent dan verdwenen is, kan men gebruikmaken van zijn machtspositie.

internationale concurrentiepositie van een land geeft aan of bedrijven gevestigd in dat land goed kunnen wedijveren met in het buitenland gevestigde bedrijven. Of bedrijven goed kunnen concurreren met buitenlandse bedrijven ligt aan veel factoren. Zo kunnen de transportbedrijven die opereren vanuit Rotterdam goed concurreren door de goed geoutilleerde en makkelijk bereikbare haven van Rotterdam en de goede infrastructuur naar het achterland waar de afnemers zitten. Door de globalisering wordt de concurrentie steeds heviger.

6 domein I concept goede tijden, slechte tijden

nationaal product symbool is W

hoogte bepaald door

- **effectieve vraag (EV)** alle bestedingen; Keynes
    - **consumenten** aankopen door individuen, gezinnen
    - **bedrijven** investeringen
    - **overheid** collectieve en quasi-collectieve goederen
    - **buitenland** exporteren van goederen en diensten
- **productiecapaciteit** aanbod, maximaal haalbare reële productie

grafiek

- **geaggregeerde vraag en aanbod** prijsrigiditeit en gegeven productiecapaciteit

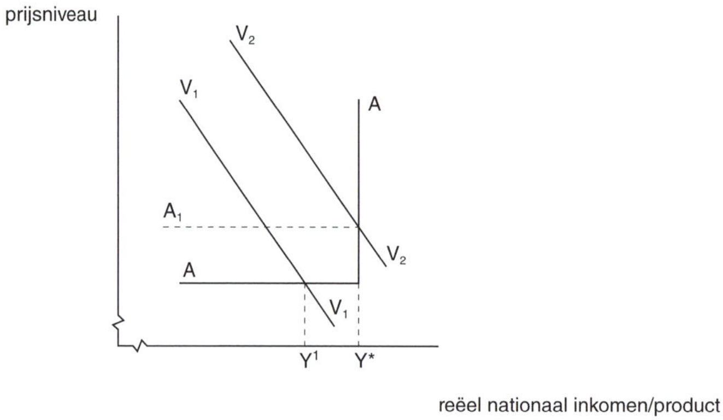

AA = aanbod (productie); bij Y* is maximale productie bereikt

AA_1 = aanbod als vraag V_2 geworden is

V_1 = vraag op tijdstip 1: productie = Y^1 = onderbesteding

V_2 = vraag op tijdstip 2: productie kan niet voorbij Y* komen, dus zullen de prijzen stijgen

verkeersvergelijking van Fisher

MV = PT evenwichtsvergelijking

M = maatschappelijke geldhoeveelheid

V = omloopsnelheid (gemeten per jaar)

P = het gemiddelde prijspeil

T = aantal verkochte goederen in een jaar

MV = de totale vraag in een economie in geld gemeten = effectieve vraag

PT = het totale aanbod van goederen in een economie in geld gemeten = W

effectieve vraag (EV) totale bestedingen in een economie die alle sectoren gezamenlijk willen doen. De effectieve vraag bestaat uit de bestedingen van de gezinnen, de bedrijven, de overheid en het buitenland. Je bekijkt alleen de bestedingen die binnen een land worden gedaan, dus van alle bestedingen moet je aftrekken de bestedingen die in het buitenland worden gedaan (= de import). In symbolen weergegeven: EV = (C + I + O + E) – M.

omloopsnelheid hoeveel maal geld gemiddeld in een jaar gebruikt wordt om iets te kopen. Een lage omloopsnelheid houdt een lange rusttijd van geld in.

gemiddelde prijspeil of **prijsniveau** gemiddelde prijs van de producten in een economie. Een verandering van dit prijspeil wordt weergegeven door het CBS in het prijsindexcijfer.

prijsrigiditeit (rigide = star = onveranderbaar) is er in een economie als de prijzen niet naar beneden willen gaan, ook al is daar aanleiding toe. Zo zien we vaak dat als de totale vraag in een economie daalt, de ondernemers niet hun prijzen laten zakken. Dit komt omdat zij ook niet snel hun kosten kunnen laten dalen (denk aan CAO-afspraken). Zij zullen daardoor dus minder gaan verkopen. Dit is meestal een situatie die niet eeuwig duurt. Op de langere termijn zullen ze óf hun prijzen moeten laten dalen en/óf hun productiecapaciteit gaan inkrimpen.

productiecapaciteit maximale hoeveelheid goederen en diensten die een bedrijf of een land per tijdseenheid (meestal een jaar) kan voortbrengen. Vrijwel altijd is de echte productiecapaciteit lager dan de theoretisch haalbare productiecapaciteit. Dit komt omdat men te maken heeft met productiefactoren die niet volledig inzetbaar zijn: zieke werknemers, onderhoud aan machines e.d. We onderscheiden productiecapaciteit op korte termijn, d.w.z. een constante gegeven productiecapaciteit als we naar een bepaald jaar kijken. We zien natuurlijk wel dat op de langere termijn de productiecapaciteit groter kan worden of kan krimpen.

verkeersvergelijking van Fisher geeft de per definitie gelijkheid aan van de waarde van de geldstroom (MV) en de waarde van de goederenstroom (PT) in een economie. Als de waarde van de geldstroom groter wordt, betekent dit dat er meer goederen gevraagd gaan worden. Hierdoor zal de waarde van de goederenstroom (= aanbod) ook stijgen. Als het aantal goederen dat geproduceerd wordt (T) nog kan stijgen, zal dit gebeuren. Als de maximale T bereikt wordt, zal het prijsniveau omhoog gaan.

inflatie gemiddelde prijspeil/prijsindexcijfer hoger, consumentenprijsindexcijfer (CPI)

soorten/oorzaken

- **binnenlandse oorzaken**
  - **bestedingsinflatie** vraag naar goederen zorgt voor prijsstijging; overbestedingsituatie
  - **kosteninflatie** aanbod- of kostenzijde zorgt voor prijsstijging
  - **winstinflatie** hogere winstmarges
- **buitenlandse oorzaken**
  - **geïmporteerde inflatie** stijging van invoerprijzen gevolg van koersverandering en/ of prijsstijging in het buitenland

mogelijke gevolgen voor

- **koopkracht** een euro geeft minder goederen of meer euro's voor dezelfde goederen
- **rentehoogte**
  - **nominale rente** banken zullen rente hoger willen dan inflatie
  - **reële rente** hogere inflatie $\Rightarrow$ reële rente daalt
- **spaargedrag** minder sparen want: spaargeld wordt reëel minder waard
- **bestedingsgedrag** sneller kopen want: prijsvoordeel door snel te kopen, bestedingen ↑
- **inkomens- en vermogensverhoudingen** wie kan compensatie krijgen?
- **concurrentiepositie** verslechtering als Nederland meer inflatie heeft dan in buitenland
- **lonen** prijscompensatie, loon-prijsspiraal

bestrijding

- **hogere officiële rente** centrale bank rente omhoog $\Rightarrow$ banken vragen meer rente aan leners $\Rightarrow$ bestedingen worden afgeremd; beperkte werking omdat kapitaalmarkt internationaal vrij is

economische praktijk de Nederlandse economie

- **formele economie** geregistreerd of 'wat bekend is'
- **informele economie** niet-geregistreerd of 'wat er niet bekend is'
  - **grijze economie** legaal zoals vrijwilligerswerk, huisvrouwenarbeid
  - **zwarte economie** niet-legaal (= in strijd met de wet); officieuze economie

groei

- **economische groei** toename welvaart in ruime zin: toename behoeftebevrediging
- **productiegroei** toename welvaart in enge zin: toename reëel nationaal inkomen/product

  als gevolg van toename

  - **totale bestedingen** de vraagzijde, Keynes; multiplierproces
  - **productiecapaciteit** de aanbodzijde, verandering maximaal haalbare productie

grenzen bepaald door o.a.

- **fysieke ruimte** op een gegeven moment is een gebied vol
- **milieu** vernietiging van milieu is vernietiging van de productiefactor natuur
- **energie** fossiele brandstoffen raken uiteindelijk op
- **grondstoffen** voorraden zijn eindig

inflatie gemiddelde procentuele prijsstijging in een periode. Inflatie betekent dat men gemiddeld meer geld kwijt is voor de goederen die men normaal koopt. Een bepaald product kan in tijden van inflatie dus best goedkoper worden, maar per saldo zal er prijsstijging, dus koopkrachtverlies optreden. In Nederland beweegt de inflatie zich al jaren rond 2% per jaar.

deflatie gemiddelde procentuele prijsdaling. Deflatie is het tegenovergestelde van inflatie. Alleen na 1930 hadden wij in Nederland een langere periode van deflatie. Mensen wachten dan zo lang mogelijk met kopen (het wordt steeds goedkoper) en daardoor zal de afzet van bedrijven afnemen. Dit zal ontslagen tot gevolg hebben en dus werkloosheid, enzovoort.

bestedingsinflatie gemiddelde prijsstijging ten gevolge van de toename van de effectieve vraag (bestedingen). Deze inflatiesoort komt alleen voor in een overbestedingsituatie, dus als de vraag stijgt en de productie niet meer kan groeien (maximale productie bereikt).

kosteninflatie gemiddelde prijsstijging ten gevolge van de toename van de kosten. Hogere kosten berekent men dan door in de prijs (afwenteling). Een loonsverhoging zal snel tot kosteninflatie leiden, omdat lonen een belangrijk deel van de totale kosten zijn.

winstinflatie gemiddelde prijsstijging ten gevolge van een verhoging van de winstmarge (winstopslag). Als een ondernemer de marktsituatie gunstig beoordeelt, kan hij een hogere prijs vaststellen en zodoende meer winst per eenheid product behalen. Sommigen rekenen deze inflatiesoort tot de kosteninflatie.

geïmporteerde inflatie of **importinflatie** gemiddelde prijsstijging ten gevolge van het duurder worden van geïmporteerde goederen. De hogere prijs van geïmporteerde goederen berekent men dan door in de (nationale) prijzen. De daling van de wisselkoers en/of een stijging van de prijs in het land van herkomst is oorzaak van deze prijsstijging. Deze inflatiesoort is in feite ook kosteninflatie.

informele economie verborgen economie. We weten dan niet in cijfers wat er aan de hand is, bv. de zwarte economie, maar ook de productie van vrijwilligers of huisvrouwen.

legaal wat volgens de wet (lex, leges = wet, wetten) geoorloofd is. Legaal staat tegenover illegaal en dat is wat door de wet verboden is.

officieuze economie de zogenaamde zwarte economie. In dit deel van de economie ontduikt men belastingen en premies.

productiegroei

kenmerken

- **niet-duurzame groei** geen rekening houden met toekomstige generaties
- **duurzame groei** ecologische duurzaamheid

problemen bij realiseren van de groei

- **starre (markt-)verhoudingen** mensen zijn moeilijk te ontslaan
- **onevenwichtige demografische ontwikkeling** vergrijzing
- **te weinig technologische ontwikkeling** niet alle problemen zijn makkelijk op te lossen, bv. CO_2-probleem
- **uitputting hulpbronnen** steeds meer mensen willen de beperkte hoeveelheid olie
- **aantasting leefmilieu** meer infrastructuur ten koste van natuurgebieden

gevolgen van een duurzaam groeibeleid

- **verandering van internationale concurrentiepositie** milieuvoorschriften kunnen bedrijven de das omdoen
- **weerstand tegen veranderingsprocessen** mensen zijn tegen beperking van autorijden
- **hoge (investerings-)kosten** CO_2-opslag is bijzonder kostbaar
- **invloed op de overheidsfinanciën** vergroening van het belastingbeleid
- **bestaande belangen aantasten** werkenden in de vervuilende bedrijven, inkomensverdeling

hoogte nationaal inkomen

bepaald volgens

- **klassieken** productiecapaciteit bepaalt de hoogte Y, want altijd volledig benut, langetermijnvisie

  uitgangspunten

  - **marktmechanisme werkt perfect** vraag en aanbod op alle markten zijn in evenwicht $\Rightarrow$ productiecapaciteit volledig benut
  - **alleen tijdelijke werkloosheid** marktmechanisme lost dit ook op
  - **overheidsingrijpen niet gewenst** overheid kan alleen maar het marktmechanisme verstoren
  - **investeringen geven meer capaciteit** alleen gelet op het capaciteitseffect van de investeringen
- **Keynes** effectieve vraag bepaalt de hoogte Y, kortetermijnvisie

  uitgangspunten

  - **marktmechanisme werkt niet perfect** prijzen zoals lonen zijn star naar beneden
  - **werkloosheid kan hardnekkig zijn** lonen dalen niet (vakbonden!) bij werkloosheid
  - **overheidsingrijpen gewenst** zeker in een situatie van onderbesteding
  - **investeringen zijn onderdeel EV** alleen gelet op het bestedingseffect van de investeringen
  - **productiecapaciteit gegeven** investeringen op korte termijn zijn relatief erg klein t.o.v. bestaande kapitaalgoederenvoorraad, dus niet van invloed

klassieke economen denken dat je alles in een economie over moet laten aan het prijs- of marktmechanisme. Hierdoor zal de welvaart in een land zo groot mogelijk zijn. Zij stellen: is er te weinig afzet, dan zal de ondernemer zijn prijs verlagen en zal hij weer zoveel gaan verkopen dat hij zijn productiecapaciteit volledig benut. Is er werkloosheid, dan zal de prijs (= loon) van arbeid vanzelf dalen, waardoor er weer meer vraag komt en de werkloosheid zal verdwijnen.

marktmechanisme of **prijsmechanisme** geeft aan dat de markt of de prijs zorgt voor een evenwicht tussen vraag en aanbod. Zo zal, als de vraag groter is dan het aanbod, de prijs omhoog gaan. Bij een hoge prijs wordt de vraag afgeremd, maar de productie gestimuleerd waardoor er weer evenwicht komt tussen vraag en aanbod. Dit systeem werkt perfect als er sprake is van volledige concurrentie op een markt: er zijn dan geen machtsposities. Het prijsmechanisme werd door Adam Smith 'de onzichtbare hand' genoemd.

keynesiaanse economen denken dat het prijsmechanisme onvoldoende of te traag werkt, waardoor de problemen in een economie niet vanzelf verdwijnen. Speciaal op de arbeidsmarkt is er prijsstarheid, dat wil zeggen: als er werkloosheid is, zal het loon niet dalen, omdat de vakbonden zich daar tegen zullen verzetten. Zodoende is er een belangrijke rol voor de overheid, die moet zorgen dat in tijden van werkloosheid de effectieve vraag hoger wordt, waardoor de productie omhoog gaat en er meer mensen nodig zijn.

conjunctuur hoogte van de bestedingen is bepalend voor Y

- **laagconjunctuur** recessie of depressie

  kenmerken

  - **werkloosheid** conjunctuurwerkloosheid
  - **lage bezettingsgraad** bedrijven werken niet op volle kracht
- **hoogconjunctuur** bestedingen zijn meer dan productiecapaciteit

  kenmerken

  - **overspannen arbeidsmarkt** er is te veel vraag naar personeel
  - **hoge bezettingsgraad** bedrijven werken op volle toeren

conjunctuurgolf of conjunctuurcyclus

fasen

- **opgaande conjunctuur** conjunctureel herstel: van A naar B
- **hoogconjunctuur** sterke groei Y: van B naar C
- **neergaande conjunctuur** afnemende groei Y: van C naar D
- **laagconjunctuur** van D naar E, indien ernstig: recessie of depressie

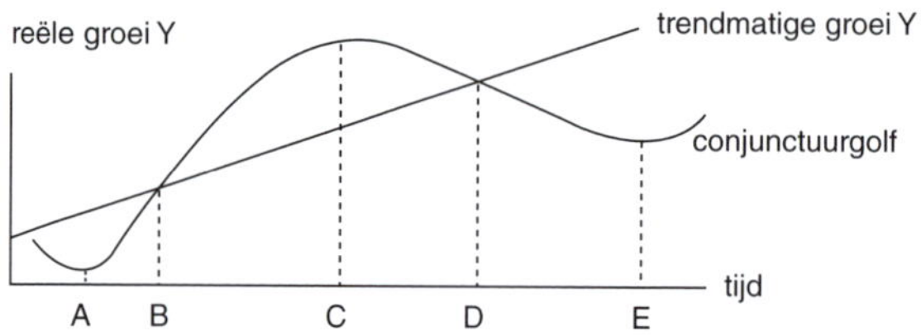

conjunctuur ontwikkeling van het nationaal inkomen onder invloed van de veranderingen in de effectieve vraag. Een gunstige conjuncturele ontwikkeling betekent dus dat het gunstig is voor de toename van het nationaal product/inkomen.

laagconjunctuur of **onderbesteding** situatie dat de bestedingen in een economie niet voldoende zijn om de bedrijven op volle toeren te laten werken.

recessie als er twee kwartalen achter elkaar een negatieve reële groei van de economie (bbp) is. We zitten dan in een laagconjunctuur. De werkloosheid zal toenemen. Dit komt niet alleen omdat er minder geproduceerd wordt, maar ook doordat de arbeidsproductiviteit blijft groeien (zelfde aantal werkers betekent al meer productie) en door de groei van de beroepsbevolking.

depressie langdurige periode met negatieve groei (= afname) van het reëel nationaal inkomen. De beruchtste periode was rond 1932 in de VS en Europa.

hoogconjunctuur of **overbesteding** huishoudens willen meer kopen dan de producenten maximaal kunnen voortbrengen. Bedrijven werken op volle toeren en draaien vaak overuren. Volgens het prijsmechanisme zullen de prijzen daardoor gaan stijgen.

bezettingsgraad bedrijven percentage van de productiecapaciteit dat door bedrijven wordt gebruikt. Berekening: de werkelijke productie delen door de maximale productie. In de praktijk is het behalen van een bezettingsgraad van 100% vrijwel onmogelijk: er zijn altijd wel mensen ziek of er zijn machines buiten werking vanwege onderhoud. Als er veel kapitaalgoederen ongebruikt zijn, prikkelt dit bedrijven niet om te investeren.

conjunctuurcyclus of **conjunctuurgolf** feitelijke groei van het nationaal inkomen ten opzichte van de trendmatige groei van het nationaal inkomen. De economische ontwikkeling of de groei van het nationaal inkomen gaat als een golfbeweging. Er is steeds weer een toename of versnelling gevolgd door een vertraging of negatieve groei van de economie (Y).

trendmatige groei gemiddelde groei van het reëel nationaal inkomen. Voor Nederland is dat ongeveer 2% per jaar. Als de groei van het nationaal inkomen een tijdje hoger is dan het gemiddelde, zitten we al snel in een hoogconjunctuur. Is de groei minder dan gemiddeld, dan zitten we in een laagconjunctuur.

overcapaciteit (capaciteit betekent letterlijk: vermogen/mogelijkheid) geeft aan dat een bedrijf of economie meer productiecapaciteit heeft dan waarvan gebruik gemaakt wordt. Een producent of de economie kan dan makkelijk meer produceren. Vooral in tijden van een recessie of depressie is er veel overcapaciteit.

evenwichtsinkomen de hoogte van het nationaal inkomen/product is dan precies gelijk aan de hoogte van de effectieve vraag, d.w.z. de bestedingsplannen van de diverse sectoren kunnen precies gerealiseerd worden; het is een sleutelbegrip in de Keynesiaanse theorie.

conjunctuur statisch bekeken

verschillende situaties

- **onderbesteding** laagconjunctuur: EV < productiecapaciteit
  kenmerken
  - **reëel nationaal product/inkomen lager dan mogelijk**
  - **lage bezettingsgraad** weinig lust tot investeren, overcapaciteit
  - **deflatie** dalende prijzen
  - **ruime arbeidsmarkt** conjunctuurwerkloosheid
  - **lage rente** weinig vraag naar leningen om te investeren
  - **overheidstekort** minder belastingontvangsten dan normaal, meer overdrachtsuitgaven
  - **actieve lopende rekening** minder import dan normaal
- **bestedingsevenwicht** of **intern evenwicht** EV = productiecapaciteit
- **overbesteding** hoogconjunctuur: EV > productiecapaciteit
  kenmerken o.a.
  - **reëel nationaal product/inkomen maximaal**
  - **hoge bezettingsgraad** grote bereidheid tot investeren
  - **inflatie** stijgende prijzen, bestedingsinflatie
  - **overspannen arbeidsmarkt** er is veel vraag naar personeel
  - **hoge rente** veel vraag naar leningen: nodig om te investeren
  - **overheidsoverschot** winstbelastingontvangsten hoog, weinig werkloosheidsvoorzieningen nodig, verstandig om een overschot te kweken
  - **passieve lopende rekening** meer import dan normaal
  - **bestaan van een knelpuntfactor** kapitaal- of arbeidstekort

bijzondere situatie

- **stagflatie**
  kenmerken
  - **stagnerende economie** onderbesteding
  - **inflatie** stijgende prijzen als gevolg van hogere kosten

conjunctuurindicatoren conjunctuurbarometer

- **vertrouwensindicatoren** consumentenvertrouwen, producentenvertrouwen, orderportefeuille
- **economische indicatoren** bbp, investeringen, productie bedrijven, consumptie, uitvoer, rente, voorraden bedrijven
- **arbeidsmarktindicatoren** werkgelegenheid, werkloosheid, vacatures, uitzenduren

bestedingsevenwicht of **intern evenwicht** ook een Keynesiaans begrip. Het geeft aan dat de nationale productie die maximaal geproduceerd kan worden (alle productiecapaciteit in gebruik) precies ook gevraagd wordt door de diverse huishoudingen.

overspannen arbeidsmarkt situatie met meer vraag naar werknemers dan aanbod. In een opgaande conjunctuur raken steeds meer deelmarkten van de arbeidsmarkt overspannen.

knelpuntfactor productiefactor die uiteindelijk bepalend is voor de maximale productie. Bv. voor het schoonmaken van straten heb je bezems en mensen nodig. Vier bezems en zes mensen betekent dat twee mensen niet kunnen werken. Hier is kapitaal de knelpuntsfactor.

stagflatie geeft een bijzondere economische situatie weer. Het is een combinatie van laagconjunctuur, d.w.z. werkloosheid en bedrijven werken niet op volle toeren, en stijgende prijzen. De prijzen kunnen in een onderbestedingsituatie alleen maar stijgen onder invloed van stijgende kosten, want de bestedingen zijn op een te laag peil. Deze situatie deed zich voor na de tweede oliecrisis (1979), toen de olieprijzen enorm verhoogd werden door de OPEC.

conjunctuurindicator letterlijk betekent indicator: aanwijzer. Een conjunctuurindicator is een grootheid. Als deze grootheid (= getal) verandert, dan geeft dit een aanwijzing dat de conjunctuur gaat veranderen. Zo zal een daling van de werkloosheidscijfers een aanwijzing zijn dat de economie groeit, m.a.w. een opgaande conjunctuur. Een toename van de voorraden van bedrijven betekent dat de bedrijven met hun producten blijven zitten, m.a.w. men koopt minder dan voorheen, dus een aanwijzing van een neergaande conjunctuur. Hoe meer conjunctuurindicatoren in dezelfde richting wijzen, hoe zekerder een conjuncturele ontwikkeling voorspeld kan worden.

anticyclische begrotingspolitiek conjunctuurbeleid

middelen

- **belastinghoogte** belastingen omlaag in laagconjunctuur
- **overheidsbestedingen** bestedingen omlaag in hoogconjunctuur

problemen hierbij

- **hoeveel bijsturen?** niet te veel en niet te weinig
- **wanneer bijsturen?** niet te vroeg en niet te laat
- **begrotingssaldo** bv. lagere belastingen vergroten het overheidstekort

instrumenten en resultaten

- **bestedingen stimuleren in onderbestedingsituatie** kan onderbesteding bestrijden (bestedingseffect), maar ook groei van productiecapaciteit door capaciteitseffect
- **belastingen lager in onderbestedingsituatie** dit stimuleert de bestedingen, maar kan tevens de concurrentiekracht van bedrijfsleven versterken (structuurbeleid)

conjunctuurstabilisatoren

hulp bij conjunctuurpolitiek

- **socialezekerheidsstelsel** werkloosheidsuitkeringen voorkomen te grote val van EV
  - **welvaartsvaste uitkeringen** %stijging = %gemiddelde loonstijging
  - **waardevaste uitkeringen** %stijging = inflatie%
- **progressieve belastingen** %brutoloonstijging groter dan %nettoloonstijging
- **spaargelden** in recessie gaat men minder sparen om uitgaven op peil te houden
- **monetaire politiek ECB** remt bestedingen via hogere rente in hoogconjunctuur

productiefactoren kwaliteit en hoeveelheid bepalen de productiecapaciteit

- **natuur** beloning: pacht
- **arbeid**
  - **werknemers** beloning: loon, salaris
  - **ondernemers/zelfstandigen** beloning: toegerekend loon, honorarium, winst
- **kapitaal** kapitaalgoederen; beloning: rente, huur, winst
- **ondernemerscapaciteit** economische risico's durven nemen, organisatietalent; beloning; winst

schema

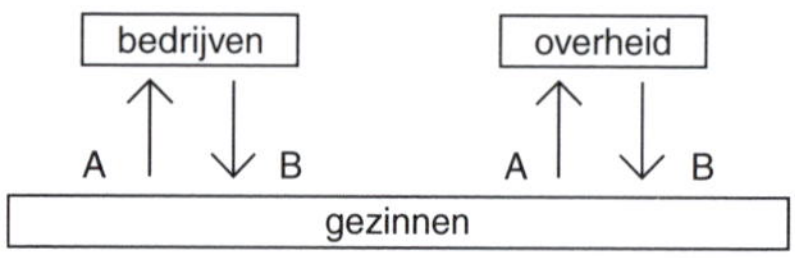

A = ter beschikking stellen van productiefactoren

B = beloning voor het ter beschikking stellen van productiefactoren

anticyclische begrotingspolitiek (anticyclisch = tegen de conjunctuurcyclus in gaan) het beleid van de overheid om met behulp van de overheidsbegroting sterke dalingen en stijgingen van de bestedingen (effectieve vraag) tegen te gaan. Zo zal bij het inzakken van de bestedingen
(en daardoor het inzakken van de productie) de overheid stimulerend willen handelen. De overheid kan dit doen door zelf meer te besteden of de belastingen te verlagen, waardoor de mensen en de bedrijven meer kunnen besteden. In een overbestedingsituatie moet de overheid dan het tegenovergestelde doen. Echter, beperken van de bestedingen en/of verhogen van de belastingen stuit altijd op veel politieke bezwaren en verzet.

conjunctuurstabilisator verschijnsel dat er voor zorgt dat de conjunctuurgolf min of meer automatisch minder heftig wordt. De bestedingen worden dan min of meer automatisch afgeremd als de economische groei toeneemt, en gestimuleerd als de economische groei afneemt. Zo zullen er meer werklozen komen bij een conjuncturele neergang, maar hun bestedingsmogelijkheden verdwijnen niet dankzij de werkloosheidsuitkeringen. Zo zullen mensen die hun inkomen zien dalen in een laagconjunctuur hun spaargelden gaan aanspreken om hun noodzakelijk geachte uitgaven te kunnen blijven doen.

productiefactor alle middelen die gebruikt worden bij het produceren. Naast kapitaal, arbeid en natuur, wordt ook wel ondernemerscapaciteit onderscheiden.

natuur alles dat vanzelf aanwezig is in een economie. Het is een oorspronkelijke productiefactor d.w.z. het wordt niet geproduceerd, bv. delfstoffen in de grond.
NB. Kolen of ijzererts uit de grond gehaald is een vlottend kapitaalgoed.

kapitaal(goed) ieder goed in handen van een producent. Het is een afgeleide productiefactor d.w.z. kapitaal moet ook geproduceerd worden.

arbeid werkkracht van de mens, ook een oorspronkelijke productiefactor. De werkkracht wordt in de praktijk door vele zaken bepaald, bv. scholing en motivatie.

ondernemerscapaciteit omvat het talent om productieprocessen te organiseren, nieuwe producten te (laten) ontwikkelen, e.d. Een ondernemer neemt risico. Met een ondernemer bedoelen we iets anders dan een manager (= bedrijfsleider). Sommige mensen zijn zowel goede ondernemers als goede managers.

productiecapaciteit maximale productie

bepaald door

- **hoeveelheid productiefactoren** kapitaal, arbeid, natuur, ondernemerscapaciteit; knelpuntfactor
- **productiviteit van de productiefactoren** hoe modern zijn de machines; scholingsgraad

structurele ontwikkeling/verandering veroorzaakt door

- **technologische ontwikkeling/innovatie** productinnovatie, procesinnovatie

  mogelijkheden

  - **arbeidsbesparende ontwikkeling** diepte-investeringen
  - **milieubesparende ontwikkeling** windmolens
  - **kapitaalbesparende ontwikkeling** elektronica
- **investeringen** capaciteitseffect van de investeringen, investeringsklimaat belangrijk
  - **breedte-investeringen** meer 'dezelfde' machines er bij
  - **diepte-investeringen** vervanging mens door machines, kapitaalintensiteit omhoog
- **verandering ingezette arbeid**

  zoals

  - **hoeveelheid arbeid** hoeveelheid arbeidsuren

    veroorzaakt door

    - **autonome groei beroepsbevolking** schoolverlaters, verhoging pensioenleeftijd
    - **migratie** instroom vanuit het buitenland
    - **participatiegraad** emancipatie, werktijd
  - **kwaliteit van arbeid**

    veroorzaakt door

    - **onderwijs** opleidingsniveau beroepsbevolking
    - **ervaring** sneller, nauwkeuriger werken
  - **mate van arbeidsverdeling** slimme specialisatie vergroot productiemogelijkheid

land in internationaal perspectief

- **open economie** relatief hoge export- en importquote, bv. Nederland
- **gesloten economie** relatief lage export- en importquote, bv. Noord-Korea

internationale handel

ontstaan door

- **internationale specialisatie** sommige landen kunnen beter en/of goedkoper produceren dan een ander land
- **behoeften** sommige producten kan een land niet zelf produceren

gevolgen voor

- **productiepakket in Nederland** geen 'lagelonenproductie'
- **inzetten productiefactoren** veel Nederlanders in dienstensector werkzaam

technologische ontwikkeling door toepassing van (nieuwe) kennis een goed of dienst produceren met minder gebruikmaking van productiefactoren.

innovatie letterlijk: vernieuwing. In de economie spreken we van innovatie als er een nieuw product op de markt komt, of als een productieproces anders georganiseerd wordt. Een oud voorbeeld van procesinnovatie is de invoering van het zelfbedieningssysteem in winkels geweest. Een modern voorbeeld is de robotisering van een autofabriek.

capaciteitseffect van de investeringen geeft aan dat het in gebruik nemen van machines e.d. invloed heeft op de grootte van de productiecapaciteit. Zo zullen uitbreidingsinvesteringen de productiecapaciteit vergroten. Vervangingsinvesteringen zorgen voor een gelijk blijven van de productiecapaciteit. Investeren heeft ook een bestedingseffect, namelijk de machines worden aangekocht. We maken dus onderscheid tussen het kopen en de ingebruikneming van investeringen.

kapitaalintensief er zijn relatief veel kapitaalgoederen in een productieproces in gebruik. Zo is de chemische industrie kapitaalintensiever dan de horeca. Men kijkt dan naar het geïnvesteerde vermogen per werknemer.

arbeidsintensief er is relatief veel arbeid nodig. Zo is de chemische industrie minder arbeidsintensief dan schoonmaakbedrijven.

open economie land dat relatief veel handel voert met het buitenland. Je vergelijkt landen met elkaar. Zo heeft Nederland een opener economie dan de Verenigde Staten. Je vergelijkt dan de import- en exportquotes met elkaar.

gesloten economie het tegenovergestelde van een open economie; een land dus met relatief weinig handel met het buitenland. Zo heeft Noord-Korea vrijwel geen handel met het buitenland. Zijn import- en exportquotes zijn duidelijk onder de 10%.

importquote verhouding tussen het bedrag aan import en het nationaal inkomen van een land. Meestal wordt dit uitgedrukt in een percentage, dus $\frac{\text{importbedrag}}{\text{nationaal inkomen}} \times 100\%$.
Importquote dient niet verward te worden met importquota.

exportquote verhouding tussen het bedrag aan export en het nationaal inkomen van een land. Meestal wordt dit uitgedrukt in een percentage, dus $\frac{\text{exportbedrag}}{\text{nationaal inkomen}} \times 100\%$.
Exportquote dient niet verward te worden met exportquota.

vrije internationale handel

- **voordelen** motieven voor vrijhandel
  - **efficiënt produceren** men produceert in het meest goedkope land ⇒ vergroting wereldwelvaart
  - **vergroting beschikbaarheid goederen** Nederland wil graag tropische producten
- **nadelen** motieven voor protectie
  - **werkloosheid** kan gevolg zijn van sterke internationale concurrentie of verplaatsing productie (lagelonenlanden)
  - **afhankelijkheid** Nederland kan niet functioneren zonder buitenlandse producten zoals olie
  - **problemen voor nieuwe bedrijven** sterke internationale concurrentie maakt het moeilijk voor startende bedrijven om marktaandeel te veroveren
  - **gevaar oneerlijke concurrentie** overheidssteun in buitenland, dumping

internationale concurrentiepositie van een land

afhankelijk van o.a.

- **prijs** combinatie van prijs in nationale valuta en wisselkoers

  belangrijke bepalende factoren
  - **loonkosten** hoogte lonen belangrijke kostenpost
  - **arbeidsproductiviteit** relatief zeer hoog in Nederland; scholingsgraad bevolking
  - **collectieve lastendruk** afwenteling
- **kwaliteit** Duitse producten hebben een goede naam, innovatieve of kennisintensieve producten zijn belangrijk voor Nederland
- **geografische ligging** Nederland als distributieland
- **infrastructuur** bedrijf moet goed te bereiken zijn
- **natuurlijke omstandigheden**

  o.a. bepaald door
  - **klimaat** Spanje is aantrekkelijk vakantieland
  - **bodemgesteldheid** vruchtbare grond geeft voordeel voor voedselproductie
  - **aanwezigheid van grondstoffen** veel olie en gas in Rusland
- **sociale rust** investeerders willen zekerheid en geld kunnen verdienen

multinationale onderneming multinational

karakteristieken

- **in meerdere landen aanwezig** geldt zowel voor productie als verkoop
- **risicospreiding** tegenvallers in het ene land kunnen opgevangen worden door meevallers in andere landen bv. als gevolg van conjunctuurverschillen
- **schaalvergroting** veel produceren zorgt voor een relatief lage kostprijs
- **machtspositie** vaak grote bedrijven, dus regeringen zien ze niet graag vertrekken

handelspolitiek overheidsbeleid om te streven naar opening van buitenlandse markten voor binnenlandse bedrijven. In Europa is dit een bevoegdheid van de Europese Commissie. Zo is er een luchtvaartverdrag met de Verenigde Staten, die het mogelijk gaat maken dat Europese luchtvaartmaatschappijen volledig kunnen concurreren met Amerikaanse luchtvaartmaatschappijen. Zo kan Air France-KLM ook binnenlandse vluchten in de VS gaan aanbieden. Andersom kan United Airlines dat natuurlijk ook in Europa doen.

vrijhandel de situatie waarin regeringen geen belemmeringen opwerpen voor de in- en uitvoer van goederen en diensten. De regeringen zorgen er dan voor dat in de internationale concurrentiestrijd de binnenlandse bedrijven niet bevoordeeld, en de buitenlandse bedrijven niet benadeeld worden.

protectie betekent letterlijk: bescherming. Protectie is het tegenovergestelde van vrijhandel. Regeringen bevoordelen in deze situatie de binnenlandse bedrijven in de internationale concurrentiestrijd. Zij kunnen dit bijvoorbeeld doen door hoge invoertarieven vast te stellen of door binnenlandse bedrijven subsidies te verstrekken.

dumping vindt plaats als producten verkocht worden onder de kostprijs (gemiddelde totale kosten). Op deze manier kan een bedrijf of land andere bedrijven of landen wegconcurreren. Dit is economisch een oneerlijke vorm van concurreren. Als de concurrent dan verdwenen is, kan men gebruikmaken van zijn machtspositie.

internationale concurrentiepositie van een land geeft aan of bedrijven gevestigd in dat land goed kunnen wedijveren met in het buitenland gevestigde bedrijven. Of bedrijven goed kunnen concurreren met buitenlandse bedrijven ligt aan veel factoren. Zo kunnen de transportbedrijven die opereren vanuit Rotterdam goed concurreren door de goed geoutilleerde en makkelijk bereikbare haven van Rotterdam en de goede infrastructuur naar het achterland waar de afnemers zitten. Door de globalisering wordt de concurrentie steeds heviger.

multinationale onderneming bedrijf dat in meerdere (= multi) landen (= naties) opereert. Zo kunnen ze fabrieken hebben staan in lagelonenlanden en verkopen ze hun producten in veel landen. Je moet overigens niet alleen denken aan fysieke producten maar ook aan diensten, bv. het bankwezen is sterk geïnternationaliseerd. Nederland is het moederland van verscheidene grote mno's zoals Shell, Unilever, Philips, AKZO-Nobel en Aegon.

betalingsbalans

bestaat uit

- **lopende rekening**
  - **goederenrekening** import en export van fysieke goederen, bv. computers
  - **dienstenrekening** import en export van niet-fysieke goederen, bv. vervoer
  - **inkomensrekening** import en export van winsten, interest, lonen (grensarbeiders)
- **kapitaalrekening** of **vermogensrekening** investeringsgelden en beleggingsgelden vanuit en naar het buitenland

saldo lopende rekening tekort of overschot

beïnvloed door

- **grootte bestedingen binnenland** land geeft meer uit, dan ook meer import
- **grootte bestedingen buitenland** een land geeft meer uit, dan ook meer export naar dit land
- **schuldenpositie van een land** veel belegd door het buitenland of hebben bedrijven veel geleend in het buitenland $\Rightarrow$ veel rentebetalingen aan het buitenland

saldo kapitaalrekening tekort of overschot

beïnvloed door o.a.

- **economische situatie** lagelonenlanden trekken veel investeringskapitaal aan
- **renteverschillen** relatief hoge rente trekt veel beleggingskapitaal aan
- **wisselkoersrisico** een zwakke wisselkoers, d.w.z. kans op koersdaling, schrikt buitenlandse beleggers af en doet geldkapitaal naar het buitenland 'vluchten'

betalingsbalanstekort saldo lopende rekening plus saldo kapitaalrekening < 0

financiering

- **kapitaalinvoer** leningen van buitenland
- **verkleining goud- en deviezenvoorraad** monetaire reserves kleiner

maatregelen om tekort te bestrijden

- **betalingsbalanspolitiek** stimuleren exportsectoren
  - **verbetering infrastructuur** land aantrekkelijk als vestigingsplaats
  - **aanpassen productiestructuur** stimuleren innovatie, exportpakket moet concurrerend blijven, kennisintensieve producten
  - **handelspolitiek** toegankelijk maken buitenlandse markten, handelsmissies
- **bestedingspolitiek** bestedingsbeperking $\Rightarrow$ import $\downarrow$
- **wisselkoersaanpassing** depreciatie $\Rightarrow$ export $\uparrow$ en import $\downarrow$

betalingsbalans registratie van alle economische transacties gedurende (meestal) een jaar tussen ingezetenen en niet-ingezetenen. Je moet de betalingsbalans niet verwarren met de overheidsbegroting!

ingezetene van Nederland is een bedrijf of persoon gevestigd in Nederland. Een ingezetene van Nederland hoeft dus niet per se de Nederlandse nationaliteit te bezitten.

lopende rekening onderdeel van de betalingsbalans. Transacties van de lopende rekening beïnvloeden direct de hoogte van het nationaal inkomen. Bv. exporterende bedrijven produceren, dus voegen waarde toe, dus vormen inkomen. Het gaat hier om de in- en uitvoer van fysieke en niet-fysieke goederen en rentebetalingen, winstuitkeringen e.d. van en naar het buitenland.

kapitaalrekening of **vermogensrekening** onderdeel van de betalingsbalans. Transacties van de kapitaalrekening zijn vermogenstransacties, zoals effectentransacties, leningen, beleggingen en directe investeringen van en naar het buitenland. Deze transacties hebben geen (directe) invloed op de hoogte van het nationaal inkomen.

monetaire reserves of **deviezenvoorraad** vreemde valuta in handen van de centrale bank. Deze geldeenheden kunnen helpen om een betalingsbalanstekort te financieren. Als banken een tekort hebben aan vreemde valuta of de wisselkoers zakt te veel naar de zin van de centrale bank, dan kan ze vreemde valuta verkopen aan de banken. Vooral de dollar en de euro worden hiervoor gebruikt. Ze worden ook wel reservevaluta genoemd.

valutamarkt prijs = wisselkoers

- **vraagfactoren** vraag naar euro
  - **export** lopende rekening van EMU-landen
  - **kapitaalimport** beleggingsgeld komt EMU binnen
- **aanbodfactoren** aanbod van euro
  - **import** lopende rekening
  - **kapitaalexport** beleggingsgeld EMU uit

wisselkoersveranderingen gevolg van veranderen van vraag en aanbod

soorten

- **appreciatie** waardestijging
- **depreciatie** waardedaling

gevolgen voor

- **saldo betalingsbalans**

  als gevolg van
  - **exportwaarde hoger of lager**

    gevolg van
    - **verandering exportvolume** hoeveelheid export verandert: een land wordt goedkoper of duurder voor buitenland. NB. exportprijs in nationale valuta blijft hetzelfde!
  - **importwaarde hoger of lager**

    gevolg van
    - **verandering importprijspeil** buitenland wordt duurder of goedkoper in nationale valuta (= euro)
    - **verandering importvolume** hoeveelheid import verandert
- **binnenlands prijspeil** doorberekening in de binnenlandse prijzen van het duurder of goedkoper worden van de buitenlandse producten
- **hoogte van nationaal inkomen** meer export geeft meer productie, Nederland is een open economie

belangrijke oorzaak van verandering wisselkoers

- **verandering hoogte rente** in vergelijking met andere landen, daardoor wel of niet aantrekkelijk voor beleggerskapitaal. Dit in combinatie met risico wisselkoersdaling.

Nederland in internationaal perspectief

kenmerken

- **open economie** hoge importquote en hoge exportquote
- **exportgericht** erg afhankelijk van buitenlandse bestedingen
- **veel multinationale ondernemingen** Unilever, Philips, AKZO-Nobel

valutamarkt vraag naar en aanbod van de ene valuta in ruil voor een andere valuta. De prijs op deze markt noemt men de wisselkoers. De kopers en de verkopers zijn voornamelijk (deviezen)banken. De vraag en het aanbod op de valutamarkt zijn indirect afhankelijk van het publiek (gezinnen en bedrijven), namelijk of men vreemde valuta wil kopen van of verkopen aan de banken.

wisselkoers prijs ene valuta uitgedrukt in een andere valuta, bv. 1 euro kost 1,32 Amerikaanse dollar (dan kost 1 dollar 0,76 euro; reken maar na).

appreciatie verandering van de vraag en/of het aanbod op valutamarkt zorgt voor hogere wisselkoers van een munt. Als de ene munt apprecieert, deprecieert automatisch de andere munteenheid. Bv. de euro apprecieert van $ 1,28 naar $ 1,30. De dollar deprecieert dan automatisch van € 0,78 naar € 0,77 (afgerond).

depreciatie verandering van de vraag en/of het aanbod op valutamarkt zorgt voor lagere wisselkoers van een munt. Bv. de euro deprecieert van $ 1,38 naar $ 1,36.

zwevende wisselkoersen flexibele wisselkoersen

voordelen

- **betalingsbalansevenwicht** altijd evenwicht op de valutamarkt
- **veel ruimte voor binnenlands economisch beleid** men hoeft geen rekening te houden met gevolgen voor de wisselkoers
- **geen aanhouden van monetaire reserves** geen vreemde valuta aanhouden, want er hoeft niet door centrale bank verkocht te worden

nadeel

- **koersschommelingen** ⇒ koersrisico's ⇒ rem op internationale handel
- **internationale speculatiestromen** koersveranderingen lokken speculatie uit ⇒ koersschommelingen heftiger

waardeverandering

- **appreciatie** waardevermeerdering als gevolg van vraag- en aanbodverandering
- **depreciatie** waardevermindering als gevolg van vraag- en aanbodverandering

vaste wisselkoersen afspraak tussen centrale banken

voordeel

- **zekerheid** geen wisselkoersrisico, bevordert internationale handel

nadelen

- **betalingsbalansonevenwichtigheid** er zal vrijwel altijd een overschot of tekort zijn
- **weinig ruimte voor binnenlands economisch beleid** economische politiek moet reageren op dreigende wisselkoersverandering
- **aanhouden monetaire reserves** kost geld: renteverlies en wisselkoersrisico

waardeverandering

- **revaluatie** officiële waardevermeerdering van vaste wisselkoers
- **devaluatie** officiële waardevermindering van vaste wisselkoers

rentepeil als betalingsbalansinstrument

initiatiefnemer

- **centrale bank**

gevolg van verandering van officiële rente voor

- **binnenlands rentepeil** banken volgen de rente van centrale bank
- **internationale beleggingsstromen** hogere rente trekt buitenlands geld aan
- **wisselkoers** hogere rente stimuleert vraag naar valuta o.i.v. buitenlandse beleggers

euro de munteenheid van de EMU. Nederland heeft besloten om mee te doen en zijn nationale munteenheid de gulden af te schaffen. De euro is giraal ingevoerd op 1 januari 1999. De waarde is bepaald op *f* 2,20. Vanaf 1 januari 2002 zijn we ook gaan betalen met munten en bankbiljetten in euro's.

zwevende wisselkoers vraag en aanbod op de valutamarkt bepalen uitsluitend de wisselkoers. Zo zijn de dollar en de euro zwevende valuta's.

vaste wisselkoers afspraak tussen centrale banken/regeringen over de hoogte van de wisselkoers.

revaluatie afspraak in een stelsel van vaste wisselkoersen tussen centrale banken voor een nieuwe, hogere wisselkoers van een munt. Als de ene munt revalueert, devalueert automatisch de andere munt. Een revaluatie van 10% van de ene munt betekent dan een devaluatie van 9,1% van de andere munt (reken maar na). Een revaluatie vindt in het systeem van vaste wisselkoersen pas plaats bij een blijvende onevenwichtigheid d.w.z. een structureel betalingsbalansoverschot.

devaluatie afspraak in een stelsel van vaste wisselkoersen tussen centrale banken voor nieuwe, lagere wisselkoers van een munt. Als een munt devalueert, revalueert automatisch de andere munt. Een devaluatie zal in het systeem van vaste wisselkoersen pas plaatsvinden bij een blijvende onevenwichtigheid, d.w.z. een structureel betalingsbalanstekort.

Europese Unie (EU) samenwerking in Europa, supranationale wetgeving, gemeenschappelijke markt

doelen: de vier vrijheden

- **vrij verkeer van goederen** binnen de EU geen invoerrechten
- **vrij verkeer van diensten** ook vrachtwagenvervoer kan iedere onderneming in de EU aanbieden zonder belemmering
- **vrij verkeer van personen** iedere EU-ingezetene kan wonen en werken in de EU waar hij wil
- **vrij verkeer van kapitaal** iedere EU-ingezetene kan zonder belemmering investeren of beleggen binnen de EU waar men wil

mededingingsbeleid van de EU

doel

- **voldoende concurrentie**

  gevolgen

  - **stimuleert innovatie** bedrijven moeten vernieuwen, anders weggeconcurreerd
  - **scherpe prijzen** wie zijn prijzen te hoog stelt, wordt weggeconcurreerd

instrumenten

- **tegengaan bedrijfsconcentraties** toestemming grote fusies
- **normering techniek** standaardisering van apparaten, harmoniseren van elektrische spanning (230 V)
- **normering milieu en gezondheidsregels** bedrijven moeten met dezelfde kosten rekening houden
- **harmonisatie belasting** gelijktrekken van deze kosten voor bedrijven
- **handelsbeleid** wereldregels vaststellen in wereldoverleg

sociaal beleid van de EU

onderdelen

- **medezeggenschap werknemers** ondernemersraden grote bedrijven
- **vrij verkeer van personen** vrije vestiging binnen EU
- **erkenning diploma's** tandartsen zijn overal gekwalificeerd
- **gelijke behandeling mannen en vrouwen** zelfde beroep, zelfde beloning
- **ontwikkeling achterstandsgebieden** denk aan Polen en Griekenland
- **stimuleren van scholing en innovatie** scholing werklozen

ontwikkelingsbeleid van de EU

onderdelen

- **handelspreferenties ontwikkelingslanden** lage invoertarieven
- **geldelijke hulp** voor groepen landen en projecten

probleem

- **landbouwbeleid EU** bescherming EU-boeren versus toegankelijk maken EU-landbouwmarkt voor ontwikkelingslanden

economische unie gemeenschappelijke markt met afstemming, harmonisatie en coördinatie van economische en sociale politiek van de ledenlanden. Er zijn gemeenschappelijke instellingen en er gelden supranationale regels.

gemeenschappelijke markt samenwerkingsverband tussen landen, die hebben afgesproken dat er onderling geen invoerrechten worden geheven. Ook hebben ze voor niet-deelnemende landen eenzelfde invoertarief. Verder hebben ze te maken met vrij verkeer van personen en kapitaal. Zo mag men beleggen en werken binnen het samenwerkingsgebied waar men wil. De EU is heel dicht bij zo'n samenwerkingsverband en gaat op sommige terreinen zelfs verder (zie omschrijving economische en monetaire unie).

handelspreferenties sommige landen krijgen een voorkeursbehandeling bij het importeren van goederen door een land. Zo heft de EU voor een aantal ontwikkelingslanden geen invoerrecht op bepaalde producten. Hierdoor wordt de productie in die landen gestimuleerd. Vaak zijn deze landen oude koloniën van EU-landen. Echter op landbouwgebied laat de EU concurrentie uit ontwikkelingslanden nauwelijks toe om de eigen boeren te beschermen. Dit betekent soms dat de Europese consumenten een te hoge prijs betalen voor hun voedsel. Bv. de suikerprijs zou lager zijn bij een vrijemarktwerking. Recent kunnen landen onder een zeker (laag) gemiddeld inkomen ook in aanmerking komen.

interventieprijzen zijn minimum- of maximumprijzen, waarbij een overheidsorgaan (bv. de Europese Commissie) ingrijpt. Zo heeft de EU interventieprijzen voor veel landbouwproducten, d.w.z. de EU garandeert dat boeren hun producten tegen een vastgestelde minimumprijs aan de EU kunnen verkopen. Dit beleid veroorzaakt wel vleesbergen, wijnplassen, e.d.

superheffing soort boete, waardoor de interventieprijs lager wordt. Deze heffing geldt alleen voor het te veel geproduceerde, m.a.w. als een boer meer produceert dan hij mag (overschrijding maximale productiequota). Zo kenden veehouderijen de melkquota en een superheffing bij te veel produceren. Bv. voor de liters te veel geproduceerde melk kreeg de boer zodoende zo'n laag bedrag, dat hij zijn kosten niet kon goedmaken. Hij werd dus niet geprikkeld om te veel te produceren. Sinds 2016 is dit voor melk afgeschaft. Dit heeft geleid tot een enorme uitbreiding van de melkproductie in Nederland. Nu lopen de boeren op tegen het probleem van hun mestquota!

landbouwbeleid EU

doelstellingen

- **gemeenschappelijke landbouwmarkt** vrije in- en uitvoer binnen EU
- **vergroten productiviteit** schaalvergroting bevorderen
- **redelijk inkomen voor landbouwers** belangrijke sector economie
- **stabiele prijzen** dankzij buffervoorraden
- **veilig stellen van voedselvoorziening** onafhankelijkheid van niet-EU-landen
- **redelijke consumentenprijzen** het gaat om eerste levensbehoeften

instrumenten

- **inkomenssubsidies** voor de boeren
- **interventieprijzen** minimumprijzen ==> inkomensgarantie boeren, superheffing
- **importtarieven** buitenlandse concurrentie weren
- **exportsubsidies** boeren kunnen concurreren op wereldmarkt
- **quota** overproductie voorkomen, in de hand houden van de uitgaven van de EU

gevolgen o.a.

- **overschotten of tekorten** landbouwproducten, wijnplassen, marktmechanisme werkt niet goed
- **wegconcurreren ontwikkelingslanden** EU-prijs is zwaar gesubsidieerd
- **protectie andere landen** vergelding voor Europese protectie

Economische en Monetaire Unie (EMU) onderdeel van de EU

initiatiefnemer

- **instituut: Europese Centrale Bank** gevestigd te Frankfurt am Rhein
- **doel: één Europese munt** de euro vanaf 2002 als munt en bankbiljet in omloop

  voordelen

  - **geen koersrisico** bevordert de Europese handel
  - **geen transactiekosten** of **omwisselkosten** voordeel voor publiek

gevolgen voor deelnemende landen

- **beperking beleidsmogelijkheden** bv. geen wisselkoersveranderingen meer mogelijk
- **toetredingscriteria** of **convergentiecriteria**
  - **financieringstekort < 3%** niet meer dan 3% bnp
  - **staatsschuld < 60%** niet meer dan 60% bnp
  - **inflatie laag** laagste nationale inflatie van EMU-landen richtsnoer
  - **rentevoet laag** laagste nationale rentevoet EMU-landen richtsnoer
  - **wisselkoersstabiliteit** over langere periode nationale munt stabiel t.o.v. de euro
- **stimuleert innovatie** bedrijven moeten vernieuwen, anders weggeconcurreerd

Europese Centrale Bank (ECB) centrale bank van de Eurozone

taken

- **toezichthouder op de infrastructuur van financiële markten en betalingsinstrumenten**
- **beheerder externe reserves**
- **uitgever van bankbiljetten**
- **toezichthouder op aanbieders van risicomijdende en risicozoekende beleggingen**

economische en monetaire unie economische unie, maar ledenlanden gebruiken ook een gemeenschappelijke munteenheid. Dit heeft als consequentie dat er een gemeenschappelijke, supranationale centrale bank en een centraal (gecoördineerd) monetair beleid moet komen. Een meerderheid van EU-landen, waaronder Nederland vormen een EMU. Een aangesloten lidland verliest zijn zelfstandig monetaire beleid. Dat wil zeggen: zijn centrale bank kan niet meer de hoogte van de rente bepalen. Zo houdt het rentebeleid van de Europese Centrale Bank rekening met de gemiddelde inflatie in de eurolanden en niet met alleen die van Nederland.

convergentiecriteria (convergeren = bij elkaar laten komen) eisen die worden gesteld aan EU-landen als ze de euro in willen voeren. Als landen aan deze eisen voldoen hebben ze als het ware dezelfde 'economische snelheid' als de eurolanden. Ze kunnen dan zo probleemloos mogelijk instappen. De nationale bank van een euroland verliest zijn zelfstandigheid en sluit zich aan bij de Europese Centrale Bank.

EMU of **Economische Monetaire Unie** of **Europese Monetaire Unie** onderdeel van de Europese Unie. Met de EMU worden de landen aangeduid van de Europese Unie die de euro hebben ingevoerd. Als EU-land mag je pas de euro invoeren als je hebt voldaan aan een aantal voorwaarden. Groot-Brittannië is een voorbeeld van een EU-land dat zelf de euro niet wil invoeren, terwijl het wel aan de voorwaarden voldoet.

Europese Centrale Bank (ECB) centrale bank voor de gemeenschappelijke munt van Europa, de euro. De belangrijkste taak van de ECB is het handhaven van de koopkracht van de euro en van prijsstabiliteit in het eurogebied. Het eurogebied (in 2016) bestaat uit de 19 landen van de Europese Unie die sinds 1999 de euro hebben ingevoerd. Het eurosysteem bestaat uit de ECB en de nationale centrale banken van de EU-lidstaten die de euro als munt hebben. Zij bepalen gemeenschappelijk het beleid van de ECB binnen het eurogebied.

financiële infrastructuur omvat alle financiële en kredietinstellingen die van belang zijn voor het functioneren van het geldstelsel. Dus welke bedrijven hebben als hun werkzaamheden om geld uit te lenen, het betalingsverkeer te regelen en/of te bemiddelen bij valutatransacties. Voorbeelden zijn de banken en creditcardmaatschappijen.

externe reserves of **deviezenvoorraad** alle valuta's (muntsoorten) niet zijnde de nationale valuta. Voor het eurogebied zijn dat alle valuta's behalve de euro. De belangrijkste voor de ECB is de dollar.

7 vaardigheden

zelfstandig leren

efficiënte en effectieve aanpak houdt in

- **oriënteer je** voordat je begint
  - **wat moet/wil ik doen?**
  - **waarom doe ik het?**
  - **wat weet ik al?**
  - **wat is de grote lijn in de stof?**
- **kies een goede aanpak**
  - **ga uit van je oriëntatie**
  - **denk om je zwakke en sterke kanten**
  - **kies per onderdeel de juiste aanpak**
- **het eigenlijke leren**
  - **volg de aanpak die je gekozen hebt**

    vraag je regelmatig af
    - **heb ik onthouden wat ik geleerd heb?**
    - **begrijp ik het echt?**
    - **kan ik het uitleggen aan een ander?**
    - **kloppen de oplossingen of uitkomsten?**
  - **verbind nieuwe kennis met oude kennis**
    - **heb je een dergelijk probleem al eerder gehad?**
    - **welke oplossingsmanieren gebruikte je toen?**
    - **kun je begrippen gebruiken die je al kent?**
  - **bedenk toepassingen**
    - **kun je ook andere voorbeelden oplossen?**
    - **ga na hoe het geleerde in een toets kan voorkomen**
- **beoordeel of je goed geleerd hebt**
  - **heb je geleerd wat je wilde/moest leren?**
  - **wat lukte wel en wat niet, en ook waarom wel/niet?**
  - **klopte de tijdsplanning?**
  - **bleef je gemotiveerd en geconcentreerd?**
- **ontwikkel een goede inzet**
  - **plan de tijd voor school en je vrije tijd**
  - **houd je aan je planning**
  - **probeer je motivatie te verbeteren**
    - **stel alleen haalbare doelen vast**
    - **maak van tegenslagen nieuwe uitdagingen**
- **vergroot je concentratie**
  - **ga na wat je kan afleiden**
  - **zorg voor een omgeving met weinig afleidingen**

efficiënt en effectief leren in een zo kort mogelijke tijd (= efficiënt) je doel (= effect) bereiken. Iedereen moet zich een haalbaar doel stellen, bijvoorbeeld: ik wil gemiddeld een zeven staan. Dit doel kost je tijd, maar je moet de tijd zo beperkt mogelijk houden. Haal je die zeven niet, dan besteed je er te weinig tijd aan, en/of je studeert niet goed. Haal je die zeven wel, dan moet je je ook afvragen of je wel goed studeert. Het kan best zijn dat een andere methode van werken hetzelfde resultaat oplevert maar in minder tijd.

oriënteren voordat je begint, is het goed je af te vragen met welk doel je wat gaat doen. Moet je een tekst lezen als achtergrondinformatie of moet je het kunnen opdreunen; moet je de begrippen alleen maar leren of moet je ze ook kunnen toepassen? Verder is het bij de oriëntatie goed om na te gaan wat je al weet van het onderwerp. En natuurlijk moet je de grote lijnen goed in de gaten houden. Als je bijvoorbeeld de Keynesiaanse theorie leert, dan is de essentie dat de bestedingen de hoogte van het nationaal product/inkomen bepalen. De hoogte van de bestedingen hangen weer af van de investeringen, de consumptieve vraag, etc. Uitwijdingen over de investeringen hebben alleen tot doel om uit te leggen waardoor de investeringen stijgen of dalen. Want als de investeringen stijgen of dalen heeft dat weer invloed op de hoogte van de bestedingen.

aanpak probeer er zelf achter te komen waar jij sterk in bent. Heb je bijvoorbeeld ontdekt dat je je het best concentreert door tijdens het lezen van een tekst de belangrijke begrippen op te schrijven op een kladblok, pas dat dan systematisch toe.
Hoe dan ook: ontwikkel en verbeter je eigen aanpak.

nieuwe kennis aan oude kennis koppelen stel dat je geleerd hebt hoe je een balans van jezelf kan maken. En op deze balans staan de bezittingen aan de ene kant en aan de andere kant op welke wijze je dat betaald hebt (aan het geld gekomen bent). Vervolgens maak je kennis met een balans van een bedrijf, bv. Albert Heijn, dan kan je het geleerde hier ook toepassen. Een bedrijf heeft natuurlijk andere posten, maar wat je bij jezelf geleerd hebt over de balans, kun je ook weer gebruiken bij het begrijpen van de balans van Albert Heijn. Nieuwe kennis (begrippen) kun je ook aan oude kennis (begrippen) koppelen door overzichten en samenvattingen te maken. Stel dat je de begrippen 'kosten', 'constante kosten' en 'variabele kosten' gehad hebt en de 'hypothecaire lening' is aan de beurt. Met behulp van een overzichtje kun je die lening snel een plaats geven, namelijk als één van de onderdelen van de constante kosten.

bedenk toepassingen je kunt controleren of je een opgave begrepen hebt door bijvoorbeeld alleen de getallen (bedragen, percentages enzovoorts) van een opgave te veranderen. Vlak voor een toets of repetitie probeer je dan of je ook de gewijzigde opgave kunt maken.

oplossen van problemen, opgaven en sommen

wat moet je beheersen

- **verschillende soorten vragen kunnen onderscheiden en beantwoorden**

  vragen slaan op

  - **informatie** die je zelf hebt of uit een tekst moet halen
  - **bepalen van een standpunt** voor- en tegenargumenten bedenken
  - **doen van een onderzoek** wat moet onderzocht worden en hoe doe je dat

- **vaardigheden met cijfers**

  onderdelen

  - **basisrekenvaardigheden** vermenigvuldigen, optellen, aftrekken, rekenen met procenten, machtsverheffen
  - **werken met vergelijkingen** bv. $Q_v = -5P + 100$
  - **werken met statistiek** cijfertabellen, tekeningen

vragen

soorten

- **informatievragen** vragen die nagaan of je iets weet
  - **begripsvraag** herkennen van economische begrippen en kunnen verbinden met andere begrippen
  - **selectievraag** herkennen en selecteren van economische begrippen
  - **bewerkingsvraag** herkennen, selecteren en toepassen van economische begrippen
  - **aanvaardbaarheidsvraag** is een uitkomst/conclusie realistisch?

    dit betekent dat je moet beoordelen op

    - **betrouwbaarheid, controleerbaarheid**
    - **geschiktheid als informatie** feiten ≠ meningen

- **vragen met betrekking tot een standpunt**
  - **argumentenvraag** kun je voor- en tegenargumenten noemen van een standpunt in een tekst?
  - **standpuntvraag** kun je argumenten bedenken als je een bepaald standpunt inneemt?
  - **afwegingsvraag** kun je je eigen mening omschrijven nadat je voor- en tegenargumenten hebt afgewogen?

- **vragen met betrekking tot het doen van onderzoek** onderzoeksvragen
  - **probleemstellingvraag**

    voorafgaand aan een onderzoek

    - **wat is een goede vraagstelling?** eenduidige vraagstelling
    - **is een bepaalde vraagstelling wel te onderzoeken?** is een vraag meetbaar

  - **werkplanvraag** wat zijn de hoofdlijnen van een onderzoek?
  - **conclusievraag** weet je bijv. uit het verslag van een onderzoek de conclusie te halen?

informatie vertalen voorbeeld:

Een fabrikant van ijsjes produceert en verkoopt grote ijsjes (G) en kleine ijsjes (K).

De verkoop van grote ijsjes was in 2015 als volgt over de vier kwartalen verdeeld: 800, 1.200, 2.000, 1.500. Voor kleine ijsjes was dat: 600, 1.000, 1.600, 1.200.

Je kunt deze gegevens 'vertalen' in een tabel, een lijndiagram of een staafdiagram.

Vertaling in een tabel:

soort ijsjes ↓	kwartaal →	I	II	III	IV
groot		800	1.200	2.000	1.500
klein		600	1.000	1.600	1.200

Vertaling in een lijndiagram:

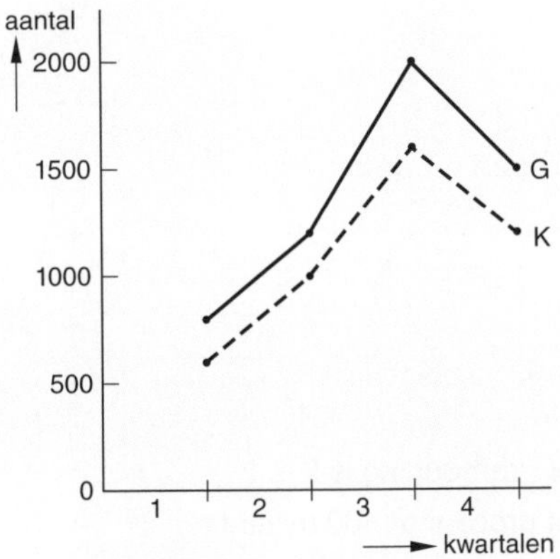

Vertaling in een staafdiagram:

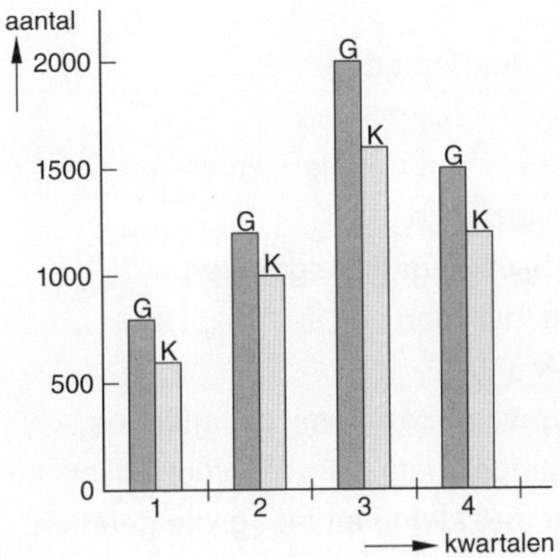

informatievragen vragen die proberen na te gaan of je iets weet. Een voorbeeld:

Gegeven zijn de volgende cijfers van firma Jansen:

verkoopopbrengsten in 2015	€ 15,0 mln.
voorraad op 1 januari 2015	2,5 mln.
waarde gebouw op 1 januari 2015	5,0 mln.
afschrijvingskosten in 2015	0,5 mln.
hypothecaire schuld op 1 januari 2015	4,0 mln.
betaalde hypotheekrente in 2015	0,2 mln.
debiteuren op 1 januari 2015	3,0 mln.
crediteuren op 1 januari 2015	1,5 mln.

- **begripsvraag**: kun je het begrip 'balans' omschrijven?
- **selectievraag**: welke posten (bedragen) staan op de balans van dit bedrijf?
- **bewerkingsvraag**: welke posten staan op de debet- en welke op de creditzijde van de balans?
- **aanvaardbaarheidsvraag**: is de opgevoerde hypotheekrente een realistisch bedrag?

werken met informatie en communicatietechnologie ict

onderdelen

- **informatie bewerken/ordenen** in tabellen of in spreadsheets (als je dat kan)
- **informatie 'vertalen'**
  - **van een tekst naar een grafiek en omgekeerd**
  - **van een tekst naar een tabel en omgekeerd**
  - **van een tabel naar een grafiek en omgekeerd**
  - **van een tekst naar berekeningen en omgekeerd**
  - **van een tabel naar berekeningen en omgekeerd**
  - **van een grafiek naar berekeningen en omgekeerd**
- **informatie overbrengen naar anderen met ict** e-mail
- **werken met internet**

basisrekenvaardigheden

weten en kunnen omgaan met

- **rekenregels van optellen, aftrekken, vermenigvuldigen en delen**
- **machtsverheffen**
- **positieve en negatieve getallen**
- **breuken** delingen
- **decimalen** 0,12
- **perunages, percentages, promillages**
- **verhoudingen** iets is 5× zo groot als iets anders ⇒ verhouding is 5 ÷ 1
- **rekenen met kleine en met grote getallen** een half procent of 400 miljard
- **schatten, benaderen** bv. inflatie 2% en loon 5% omhoog ⇒ koopkracht ongeveer 3% omhoog

werken met vergelijkingen

wat je moet kunnen

- **oplossen van een onbekende**
- **oplossen van een stelsel van vergelijkingen via substitutie**
- **hanteren van assenstelsels en kwadranten** oorsprong (0,0), vier kwadranten
- **tekenen van eerstegraads vergelijkingen** bepalen van waarden, tekenen in grafiek, bepalen van snijpunten

werken met statistiek

wat je moet kunnen

- **werken met indexcijfers** indexcijfers bepalen; verleggen van basis

  formule bepalen indexcijfer
  - **nieuw ÷ basis × 100**

  soorten
  - **partieel indexcijfer** gedeeltelijk, voor een onderdeel
  - **samengesteld indexcijfer** gemiddelde van partiële indexcijfers
    - **ongewogen** alle partiële indexcijfers tellen even zwaar
    - **gewogen** niet ieder partieel indexcijfer telt even zwaar

weergeven van een standpunt betekent een gefundeerde opinie geven. Dit hoeft niet je eigen mening te zijn, maar je moet je ook kunnen inleven in andere meningen en argumenten.
Een voorbeeld waarin het gaat om lenen van geld: In een artikel beweert iemand dat de meeste leningen die gezinnen afsluiten onverantwoord zijn. In het artikel geeft hij daarvoor argumenten.

- **argumentenvraag**: geef de argumenten die de schrijver voor zijn stelling aanvoert. Dus: jij moet die argumenten uit het artikel kunnen halen en noemen.
- **standpuntvraag**: kun je met argumenten verdedigen dat het lenen door gezinnen in bepaalde situaties wel verantwoord is? Je moet je kunnen verplaatsen in een 'tegenstander' die lenen in bepaalde omstandigheden verantwoord vindt. Het gaat er daarbij niet om of jij het met die 'tegenstander' eens bent.
- **afwegingsvraag**: in welke situaties is het lenen van geld volgens jou wel verantwoord en in welke situaties niet? In het antwoord mag te merken zijn hoe jij aankijkt tegen het lenen en uitgeven van geld.

perunage 'per un' of 'per een', als iets met een perunage van 1 is gestegen dan is er 1 gedeelte bijgekomen (= 100 procent). Als het rentepeil 5% is, is het 0,05 uitgedrukt in een perunage.

percentage 'per cent' of 'per honderd', als iets met een percentage (%) van 1 is gestegen dan is er 1-honderdste deel bijgekomen.

procentpunt het (absolute) verschil tussen twee percentages. Als de rente stijgt van 4% naar 5% dan stijgt de rente met 1%-punt. Denk er aan: de rente is dan met 25% gestegen!

promillage 'per mille' of 'per duizend', als iets met een promillage van 1 gestegen is dan is er eenduizendste deel of 0,001 gedeelte bij gekomen (= 0,1%).

indexcijfer een verhoudingsgetal. Het getal geeft aan hoe een grootheid is veranderd ten opzichte van een basis(periode). De basis is altijd 100. Zo betekent een indexcijfer 115, dat een grootheid 1,15 maal zo groot is als de basis; of dat een grootheid 15% groter is dan de basis.

partieel indexcijfer indexcijfer welke de ontwikkeling van een onderdeel van een grootheid weergeeft. Bv. we kennen het consumentenprijsindexcijfer (CPI). Het indexcijfer welke de ontwikkeling van de uitgaven voor voeding weergeeft, is een partieel prijsindexcijfer van het CPI.

- **werken met diagrammen/grafieken**

  soorten

  - **lijndiagram** lijn in een grafiek
    - **enkelvoudig lijndiagram** tekenen of lezen van een vraaglijn
    - **samengesteld lijndiagram** tekenen of lezen van een vraag- en aanbodfunctie in één grafiek
  - **staafdiagrammen**
    - **enkelvoudig staafdiagram**
    - **samengesteld staafdiagram**
  - **cirkeldiagram**
- **werken met tabellen**

  hierbij moet je kunnen onderscheiden

  - **rijen en kolommen** wat staat horizontaal en wat verticaal?
  - **indeling in klassen** decielen en percentielen
  - **cumuleren** 'opeenhopen': optellen van getallen in kolom
- **bepalen van gemiddelden van getallen**

  soorten

  - **ongewogen** alles telt even zwaar
  - **gewogen** werken met wegingsfactor

diagram tekening die een cijfermatig verband aangeeft. Zo kennen we een rechte lijn. Deze wordt in een assenstelstel getekend. Bv. een punt op een vraaglijn geeft het verband aan met een bepaalde gevraagde hoeveelheid en de bijbehorende prijs.

staafdiagram verband tussen iets wat op de x-as staat en de hoogte van een bedrag of percentage dat op de y-as staat aangegeven. Men doet dit met behulp van staven of balken. Zo kan je een staafdiagram maken van de uitgaven van de ministeries: op de x-as noem je de ministeries en op de y-as staan uitgaven in euro's of procenten van de totale overheidsuitgaven.

cirkeldiagram 'rondje' geeft het totaal aan. Dit is vaak aangegeven in procenten, dan stelt zo'n rondje (of 'taart') 100% voor. In zo'n cirkeldiagram maakt men dan onderverdelingen ('taartpunten'). De grootte van zo'n taartpunt geeft aan welk deel van het geheel dit uitmaakt.

tabel in een schema van rijen en kolommen geeft men getallen weer. Een rij is een regel, een kolom bekijk je van boven naar beneden. Bv. boven een kolom staat dan TK, TVK of TCK. Voor een rij staat dan de productieomvang, bijvoorbeeld 10, 20 of 30 stuks.

decielen betekent honderd in tienen verdeeld. Zo kan je de mensen met een inkomen indelen in groepen van 10%. De eerste tien procent bevatten dan de 10% mensen met het laagste inkomen, de tweede 10% bevatten dan de mensen met een iets hoger inkomen, etc.

percentielen betekent honderd in honderd verdeeld (cent = honderd). Zo kan je de mensen met een inkomen indelen in groepen van 1%. De eerste procent bevatten dan de 1% mensen met het laagste inkomen, de tweede 1% bevatten dan de mensen met een iets hoger inkomen, etc.

trefwoordenregister

A

B

C

O

P

Q

R

Aantekeningen

Aantekeningen

Aantekeningen

Aantekeningen